DO CAPITALISMO
E DO SOCIALISMO

Polémica com JAN TINBERGEN,
Prémio Nobel da Economia

Conselho Editorial

André Luís Callegari
Carlos Alberto Molinaro
César Landa Arroyo
Daniel Francisco Mitidiero
Darci Guimarães Ribeiro
Draiton Gonzaga de Souza
Elaine Harzheim Macedo
Eugênio Facchini Neto
Gabrielle Bezerra Sales Sarlet
Giovani Agostini Saavedra
Ingo Wolfgang Sarlet
José Antonio Montilla Martos
Jose Luiz Bolzan de Morais
José Maria Porras Ramirez
José Maria Rosa Tesheiner
Leandro Paulsen
Lenio Luiz Streck
Miguel Àngel Presno Linera
Paulo Antônio Caliendo Velloso da Silveira
Paulo Mota Pinto

Dados Internacionais de Catalogação na Publicação (CIP)

N972d   Nunes, António José Avelãs.
        Do capitalismo e do socialismo : polémica com Jan Tinbergen / António José Avelãs Nunes. – 2. ed., rev. e ampl. – Porto Alegre : Livraria do Advogado, 2018.
        176 p. ; 23 cm.
        Inclui bibliografia.
        ISBN 978-85-9590-020-2

        1. Capitalismo. 2. Socialismo. 3. Teoria econômica. 4. Tinbergen, Jan. I. Título.

CDU 330.342.14:330.84
CDD 330.122
335.4

Índice para catálogo sistemático:
1. Capitalismo : Socialismo   330.342.14:330.84

(Bibliotecária responsável: Sabrina Leal Araujo – CRB 10/1507)

António José Avelãs Nunes

Professor Catedrático Jubilado da Faculdade de Direito de Coimbra
Doutor *Honoris Causa* pelas Universidades Federais do Paraná, de Alagoas e da Paraíba
Membro Correspondente da Academia Brasileira de Letras Jurídicas
Vice-Presidente do Instituto de Direito Comparado Luso-Brasileiro

DO CAPITALISMO E DO SOCIALISMO

Polémica com JAN TINBERGEN

– PRÉMIO NOBEL DA ECONOMIA –

2ª EDIÇÃO
revista e ampliada

Porto Alegre, 2018

© António José Avelãs Nunes, 2018

Capa, projeto gráfico e diagramação
Livraria do Advogado Editora

Revisão
Rosane Marques Borba

Direitos desta edição reservados por
Livraria do Advogado Editora Ltda.
Rua Riachuelo, 1300
90010-273 Porto Alegre RS
Fone: 0800-51-7522
editora@livrariadoadvogado.com.br
www.doadvogado.com.br

Impresso no Brasil / Printed in Brazil

A reedição deste livro do Prof. António José Avelãs Nunes recoloca um debate histórico. Por isso, optamos por manter o texto na sua língua materna, assegurando, assim, maior fidelidade ao mesmo. Apesar do tempo transcorrido, o leitor terá em mãos um texto fundamental para compreender aquilo que tem marcado o mundo contemporâneo.

Agradecemos ao Prof. Avelãs Nunes a confiança em permitir que o Grupo de Pesquisa Estado & Constituição, por mim coordenado, pudesse viabilizar esta publicação, em parceria com a Livraria do Advogado Editora. Ótima e instigadora leitura.

Prof. Dr. José Luis Bolzan de Morais

Oferta

A certa altura, admiti que uma nova edição deste meu livro pudesse vir a lume no Brasil em 2016. Como nesse ano de 2016 se completavam trinta anos sobre o falecimento do meu pai, escrevi as palavras de saudade e homenagem que seguem. Aquele meu projeto não se cumpriu, mas a saudade aumentou e as razões para a homenagem também. Por isso deixo aqui as palavras que escrevi há pouco mais de um ano.

Quando o meu pai morreu, eu tinha quarenta anos. Era quase uma criança… Talvez por isso tenha sentido tanto a falta dele e a injustiça que a vida fez com ele, levando-o mal tinha completado setenta anos. Setenta anos de muita insatisfação e de muito trabalho (o meu pai, alfaiate de profissão desde os dezassete anos, trabalhou quase todos os dias da sua vida das oito horas da manhã até cerca da meia-noite, salvo aos domingos, em que só trabalhava de manhã). Sempre com os olhos postos nos filhos, para quem projetou uma vida melhor que a dele.

A morte não lhe deu tempo para descansar um pouco e para gozar a felicidade de se realizar através dos filhos e dos netos.

Trinta anos passados sobre a sua morte, dedico esta edição à memória dele, recordando-o com muita saudade e com todo o respeito, procurando honrar a sua memória e o seu exemplo de homem inteligente, honrado e trabalhador.

No início da década de 1950, o meu pai tentou a sua sorte como emigrante no Rio de Janeiro, onde viviam dois irmãos da minha mãe. Apesar das dificuldades que encontrou, conseguiu viajar do Rio de Janeiro para São Paulo e foi visitar e conhecer os três irmãos mais velhos, que tinham emigrado para São Paulo, no início da década de 1920, pouco depois da morte da mãe. Quando eles partiram, ainda meninos, o meu pai, que era o mais novo de seis irmãos, teria uns dois anos de idade, no máximo.

O meu tio Luciano (o mais velho) já tinha morrido. Mas um dos meus irmãos recebeu o nome de Luciano. E a uma das minhas irmãs foi dado o nome de Angelina (tal como à filha mais velha do meu Tio Luciano), que era o nome da minha avó paterna. Estavam vivas a minha tia Ermelinda e a minha tia Francelina, que receberam o meu pai com muito carinho, um carinho que ele sempre recordou, até ao final dos dias.

A minha tia Francelina tinha ficado viúva há pouco tempo. Foi ela que ofereceu ao irmão mais novo o dinheiro que permitiu ao meu pai comprar o bilhete (de navio) para regressar a casa, falhada a tentativa de organizar a vida no Brasil. E, porque não tinha filhos, ofereceu ao meu pai a corrente de ouro do marido (uma jóia considerada em Portugal uma jóia de família), com a indicação de que, quando o meu pai morresse, ela deveria ficar para o filho mais velho. Antes de morrer, o meu pai deu-me a corrente que foi do meu tio, que eu não conheci. Guardo-a comigo com muito carinho. Obrigado pela sua sensibilidade e pela sua generosidade, Tia Francelina. Recordá-la-ei sempre com muito carinho e muita ternura.

Dedico este livro também à memória de todos os familiares do meu pai (meus tios e primos) que viveram e morreram em São Paulo. E saúdo as duas primas ainda vivas, que conheço pessoalmente (não conheci a Angelina; a Alice, que ainda conheci, faleceu entretanto), a Neide e a Emília, bem como os seus filhos e netos.

Creio que o meu pai não acharia justo que eu esquecesse aqui a família do Rio de Janeiro, que o acolheu de braços abertos quando ele chegou à *cidade maravilhosa*, em 1953. Lamento, até hoje, não ter tido a possibilidade de visitar o RJ em vida dos meus tios Joaquim e José Ventura, irmãos mais velhos da minha mãe.

Conheci o Tio Joaquim quando, em 1952/1953, ele voltou a casa, de onde tinha saído com 13 anos (a minha mãe, que nasceu em 1915, ainda não tinha nascido). Foi para matar saudades e acrescentou as saudades da terra, que o acompanharam até à morte. Não conheci a Tia Aida, nem a filha Lucy (a mais velha, que visitou Portugal quando eu estava fora do País e que faleceu antes de eu começar a visitar o RJ), e não conheço a minha prima Leila (um dia destes vamos encontrar-nos!). Mas conheci a Leny, também já falecida.

Não conheci pessoalmente o Tio José Ventura, mas ele faz parte da minha vida, porque a minha mãe sempre falou dele como um segundo pai e continua a recordá-lo (mesmo agora, com 102 anos) com imensa ternura. O Zé Ventura é o seu irmão querido.

Ao recordar aqui o meu pai, recordo todos eles com emoção. E saúdo também as filhas do meu tio José Ventura, a Marina Clara (os seus filhos e netos) e a Ondina, sobretudo a Ondina, portuguesa e brasileira, que é uma espécie de ponto de encontro da família, sempre tão próxima de nós, como se vivesse aqui connosco, que me ensinou a ser, como ela, português e brasileiro.

Coimbra, outubro de 2017.

António José Avelãs Nunes

Duas palavras sobre a história deste livro e a sua circunstância

Quando este livro nasceu tinha eu trinta anos. E Portugal vivia ainda sob a ditadura fascista, na altura sob a 'chefia' de Marcelo Caetano.

Os textos que então escrevi, no âmbito desta minha 'conversa' com Jan Tibergen (que tinha ganho em 1969, juntamente com o norueguês Ragnar Frisch, o chamado *Prémio Nobel da Economia*, atribuído nesse ano pela primeira vez) destinavam-se a ser publicados na *Vértice*, uma revista que então se fazia e publicava em Coimbra, cidade onde nasceu, no início dos anos 1940.

Para que a memória não se perca – há muita gente interessada em apagá-la! – quero recordar aqui que, como todas as publicações periódicas portuguesas, a *Vértice* estava sujeita à *censura prévia*. Por isso mesmo é que nunca foi possível assumir-se como revista de inspiração marxista. Dizia-se *Revista do racionalismo moderno*...

No caso da nossa revista, a censura era particularmente dura. Para conseguirmos publicar um número tínhamos de preparar material que daria para dois ou três números, tal o volume dos cortes do lápis vermelho da Comissão de Censura de Lisboa (o regime não confiava nos burocratas que em Coimbra exerciam a função de *polícias do espírito*).

Os textos foram, pois, escritos com a certeza de que iriam ser apreciados pela censura. Só quem passou por essa experiência sabe como era difícil e doloroso, por vezes desesperante, escrever para a censura. O esforço para escapar à tesoura dos censores nota-se em algumas formulações redundantes (às vezes poderão parecer 'ingénuas'), na busca recorrente da autoridade de certos professores, no subentendido de uma ou outra observação crítica, no ar vago de certas conclusões, na referência indirecta a certos autores (não se falava de Lenine, mas de Ulianov) ou a certos livros. Mas as marcas maiores ficavam dentro dos que eram obrigados a escrever naquelas condições e a sofrer o vexame da submissão ao lápis dos censores (que, no caso da *Vértice*, era gente letrada).

Por outro lado, a censura impunha que os textos fossem enviados para Lisboa já em provas tipográficas, isto é, já com o encargo financeiro de uma grande parte dos custos da produção industrial da revista. Era mais uma arma utilizada pelo salazarismo para asfixiar as publicaçõesque lhe eram hostis. Como revista militante que era, a *Vértice* não podia sucumbir (e não sucumbiu, apesar das inúmeras dificuldades por que passámos). Mas cada um de nós tinha a clara noção de que nem valia a pena tentar abordar certos temas e sabia que não podia carregar nas tintas dos textos que íamos escrevendo, porque cada corte na censura era mais uma dificuldade na vida da revista.

Por essa altura, a Comissão de Censura cortava, regularmente, uma boa parte dos textos assinados com o meu próprio nome. Recorri, por isso, a alguns pseudónimos, entre os quais o nome do meu avô paterno (Joaquim Martinho), falecido há alguns anos, analfabeto como nascera. Neste caso, resolvi assinar apenas A. A..

O Dr. M. F. Pereira Ramos (o entrevistador de Jan Tinbergen, o primeiro texto deste livro) parece não ter tomado consciência desta minha circunstância, porque, ao apresentar o meu comentário a esta entrevista (o segundo texto do livro, publicado originariamente no número 318 da *Vértice*, referente a julho/1970) sublinhou, em tom que parecia de desagrado ou de censura, o facto de eu ter assinado simplesmente A. A..

Nunca conheci pessoalmente o Dr. Pereira Ramos. Espero que ele não tenha pensado tratar-se, da minha parte, de um gesto de sobranceria, desprezando a importância do tema ou o facto de poder *conversar* com um Prémio Nobel. Pelo contrário: o tema interessava-me (e continua a interessar-me) bastante, e não é todos os dias que temos oportunidade de *conversar* em público com um Prémio Nobel. O disfarce do nome foi apenas mais uma artimanha para conseguir que os textos saíssem nas páginas da *Vértice*, trazendo para o espaço público uma *conversa* que não era uma conversa privada.

Qualquer que tenha sido, então, o juízo do entrevistador do Prof. Tinbergen a este propósito, a verdade é que ele foi de uma grande generosidade para com o despretensioso comentário que A. A. tinha publicado na *Vértice*. Talvez valha a pena deixar um apontamento sobre a sua origem. Na *Vértice* funcionavam algumas *secções* (cada uma delas coordenada por um membro efetivo da Redação), para as quais procurávamos cativar a colaboração de jovens universitários interessados nas diferentes problemáticas abordadas na Revista (para além de outras, literatura, cinema, saúde, política, questões e conómicas e sociais). Cabia-me a coordenação desta última. Tendo lido a entrevista de Tinbergen publicada no *Jornal do Fundão*, propus aos jovens (creio que todos meus alunos ou ex-alunos) que elaborassem um comentário à referida entrevista, contrapondo a visão marxista à perspetiva social-democrata do entrevistado.

A elevadíssima craveira de Tinbergen (que eles conheciam, em virtude do Prémio Nobel) e a natureza do tema empolgou os jovens, que elaboraram, em pouco tempo, com grande entusiasmo, o comentário acordado. Como sempre se fazia, discutimos o texto, com a intervenção de todos, guardando para o fim a minha própria intervenção. Que foi de apreço, embora fazendo algumas observações e sugestões de desenvolvimento de um ou outro ponto. Havendo acordo unânime quanto à vantagem de reelaborar o texto, os meus Amigos descarregaram em mim. Não valia a pena eles tentarem de novo, porque bastava eu passar ao papel a minha própria intervenção oral. E assim se fez.

Pois bem. Foi este texto que o Dr. Pereira Ramos, considerou um "trabalho interessantíssimo", "uma crítica profunda às ideias de Tinbergen", considerando-o merecedor de ser lido e eventualmente criticado por uma personalidade do gabarito do seu entrevistado, vencedor do Prémio Nobel da Economia. A esta cativante generosidade e, acima de tudo, à exemplar humildade científica do Prof. Jan Tinbergen e à sua grandeza de homem simples (são assim as pessoas excepcionais) devo a honra de ver um dos mais prestigiados economistas daquela época (tinha acabado de receber o Prémio Nobel!) dispor-se a gastar um pouco do seu tempo para responder à prosa humilde do *Sr. A. A.* (assim me tratou Tinbergen).

Após o regresso das férias grandes, mal cheguei à se de da Revista para a primeira reunião da Redação da *Vértice*, os camaradas da Redação já tinham visto o *Jornal do Fundão*. E anunciaram a boa nova: o Tinbergen respondeu-te! Primeiro não percebi; depois, fiquei atordoado (não era para menos); finalmente, é claro, fiquei contentíssimo.

Mas o meu estado de espírito mudou de imediato, porque a Redação em peso logo me exigiu que eu respondesse ao texto de Tinbergen. Apanhei um susto enorme. Estaria eu à altura de uma resposta condigna a Tinbergen? Teria tempo para preparar um texto que não me envergonhasse e que prestigiasse a *Vértice*? E – questão particularmente angustiante – como conseguiria escrever, de forma a passar no crivo da censura, uma crítica ao ideário social-democrata de

Tinbergen apoiada nos princípios da análise marxista? Como iria reagir a censura a tanta 'falta de vergonha' da minha parte?

Às vezes, são as circunstâncias que fazem a nossa vida. A verdade é que, naquelas circunstâncias, eu não tinha outra alternativa que não fosse a de meter mãos (e cabeça) à obra, o que me obrigou (no tempo livre das minhas obrigações de jovem docente da Faculdade de Direito de Coimbra) a fazer um grande investimento pessoal para não deixar que o medo me paralisasse e para fazer as leituras complementares e escrever, um pouco cada dia, o texto com que encerra este livro.

Como já esperávamos, a censura cortou alguns trechos. E eu reclamei, porque a Redação da *Vértice* entendeu que valia a pena arriscar nos protestos junto da Comissão de Censura de Lisboa (entretanto, sob Marcelo Caetano, 'travestida' de *exame prévio*). Invoquei que era um debate entre universitários, que eu ensinava estas matérias nas minhas aulas... O diretor da censura respondeu-me, pondo em evidência a natureza subversiva da problemática abordada, escandalizado com o facto de nas universidades portuguesas se ensinarem tais coisas! Obra do diabo, terá pensado o homem…

Fiel à sua missão de libertar os portugueses de toda a literatura 'subversiva', a censura manteve quase todos os cortes que tinha feito, mas o coletivo da Redacção entendeu que, apesar de tudo, valia a pena publicar o meu texto, o que aconteceu nos números 334/335 (nov-dez/1971) e números 336/337 (jan-fev/1972).

A verdade é que em 1969 os estudantes da Universidade de Coimbra tinham levado a cabo lutas fortíssimas contra a universidade autocrática e salazarista, contra o fascismo e contra a guerra colonial, lutas que terminaram com uma greve a exames que contou com a adesão de cerca de 90% dos estudantes da academia coimbrã. O reitor e o ministro da educação tiveram de ser substituídos.

Neste contexto, entendemos nós, a Redação da *Vértice*, que era nosso dever publicar em livro os textos todos (os de Jan Tinbergen e os meus). Sabendo que corríamos o risco de ver o livro apreendido (o que aumentaria as nossas despesas, em vez de grangearmos algum dinheiro para a Revista), resolvemos integrar nos meus textos os cortes da censura (assim revelando o nosso falta de respeito pela 'autoridade'). Desta vez, vieram a público tal como eu os escrevi, mas é claro que continuam a exibir, no tom e no estilo argumentativo, as 'cicatrizes' sempre presentes nos textos escritos para ver se conseguiam escapar à fúria censória. Com uma *Nota Prévia* da minha autoria, o livro foi publicado, em 1972, na *Colecção Textos Vértice*, que então editávamos em parceria com a *Atlântida Editora*, uma casa que, entretanto, desapareceu do panorama editorial coimbrão e português.

Este livro – como os leitores compreenderão – constituiu um marco importante na minha carreira de universitário-cidadão. Em 2008, convencidos de que os textos continuavam a ter interesse, eu e o meu Amigo e Colega Orides Mezzaroba acertámos a sua edição no Brasil (Fundação Boiteux, Florianópolis, com um Prefácio do Prof. Gilberto Bercovici). Mantenho hoje a convicção de que vale a pena continuar a refletir sobre a problemática que animou esta minha 'conversa' com Jan Tinbergen. Por isso, entendo que se justifica a ousadia (não a tomem por vaidade, por favor) de submeter de novo à leitura e à análise crítica dos leitores estes textos escritos há mais de 47 anos, nas condições descritas. Daí ter aceite a sua reedição em Portugal, com a chancela da Editora Página a Página (que hoje edita, em Lisboa, a Revista *Vértice*).

Daí a felicidade por ver-me acompanhado nesta análise pela Livraria do Advogado Editora (que me honra com esta edição) e pelo meu Colega e meu Amigo José Luís Bolzan de Morais, que apresentou o meu projeto à Editora. Há anos que tenho pelo meu Amigo e Colega José Paulo Netto grande consideração. É um privilégio para mim ser acompanhado nesta edição por um *Prefácio* dele. Obrigado, meu caro Zé Paulo.

Quando saiu a primeira edição deste livro, os sociais-democratas europeus consideravam ofensa suprema a acusação que lhes era feita pela esquerda marxista e comunista de que as suas políticas não iam além da mera *gestão leal do capitalismo*. Hoje, este equívoco passou à história, porque são os próprios dirigentes dos partidos socialistas e sociais-democratas europeus que proclamam 'oficialmente' serem defensores do capitalismo (e até do neoliberalismo) no que toca à produção, embora se digam socialistas no que toca à distribuição. Por mim, acho que esta equação é uma espécie de *quadratura do círculo*, uma vez que, desde os fisiocratas, a teoria económica ensina que as relações de distribuição não podem separar-se das relações de produção (i. é, da estrutura de classes da sociedade no seio da qual se desenvolve a atividade produtiva).

Seria despropositado abrir aqui este debate. Com ligeiríssimas alterações de forma, o texto que agora vem a lume reproduz o que foi escrito para tentar passar na censura (sendo certo que continuo a pensar o que então pensava, como escreveria agora o que então escrevi?).

Fundamentalmente, o que procurei fazer, ao escrever estes textos, foi a defesa do conceito de socialismo que se afirmou com as obras de Marx e de Engels. É, por isso, uma enorme alegria saber que este livro vai ser de novo editado no Brasil, neste ano em que se comemora o centenário da *Revolução de Outubro,* a primeira revolução socialista vitoriosa em todo o mundo, a revolução que marcou todo o século XX. O que dela resultou – com todas as dificuldades, com todas as contradições, com todos os erros e todas as deficiências – não foi um fracasso, foi um grande êxito, foi um importante passo em frente na vida da Humanidade.

Coimbra, outubro de 2017.

António José Avelãs Nunes

Prefácio

Um pequeno grande livro

Quarenta e cinco anos depois de publicado, *Do capitalismo e do socialismo* é reeditado em Portugal e no Brasil.[1]

Um leitor desavisado pode talvez debitar ambas as reedições ao prestígio do autor. Este prestígio é indiscutível: com efeito, António José Avelãs Nunes, nascido na pequena cidade de Pinhel (na região da Beira Alta) em dezembro de 1939, é um dos intelectuais portugueses mais respeitados,[2] conhecido para muito além das fronteiras lusitanas – inclusive no Brasil, cujos meios jurídicos e instituições frequentemente o recebem em missões de natureza acadêmica e entre os quais é altamente credibilizado.[3] Mas, como veremos, não é esse prestígio inconteste que responde pela reedição deste livro.

Formado em Direito em Coimbra, em 1962, Avelãs Nunes viu dificultada pela polícia política (Pide) a sua contratação como docente da Faculdade de Direito de Coimbra (só viria a ser contratado em

---

[1] A publicação original do material contido nos textos que adiante referirei, sob a forma de livro, fez-se em Coimbra, em setembro de 1972; saiu há pouco a sua reedição em Lisboa (ed. Página a Página, 2017). No Brasil, uma primeira edição veio à luz em 2008, pela Fundação Boiteux (Florianópolis).

[2] Para aferir o respeito intelectual de que Avelãs Nunes goza, cf. a homenagem que a Universidade de Coimbra prestou ao seu eminente professor, dedicando a ele os três tomos (3.461 páginas) do volume LVII do cinquentenário *Boletim de Ciências Econômicas*, editados por ela em 2014.

[3] Note-se que, já antes da homenagem a Avelãs Nunes referida na nota anterior, personalidades do mundo jurídico brasileiro haviam manifestado o seu grande apreço ao mestre português – cf. Vv. Aa., *Liber Amicorum. Homenagem ao Prof. Doutor António José Avelãs Nunes* (Coimbra/São Paulo, Coimbra Editora e Revista dos Tribunais, 2009).
Lembre-se que Avelãs Nunes, entre outras honrarias acadêmicas brasileiras, recebeu o título de doutor *honoris causa* das Universidades Federais do Paraná, de Alagoas e da Paraíba; é membro correspondente da Academia Brasileira de Direito Constitucional e da Academia Brasileira de Letras Jurídicas, vice-presidente da direção do Instituto de Direito Comparado Luso-Brasileiro e participa de conselhos editoriais de várias revistas jurídicas de universidades brasileiras (Universidade de São Paulo, Universidade do Estado do Rio de Janeiro, Universidade Federal do Rio de Janeiro, Universidade Federal do Ceará).

janeiro/1967). Avelãs Nunes nunca se omitiu na luta contra a ditadura salazarista, combateu-a corajosamente e, por isto mesmo, logo depois da *Revolução dos Cravos* (25/abril/1974) exerceu altas funções de Estado nos primeiros cinco governos posteriores à Revolução.

Depois da sua contratação como docente da *Faculdade de Direito da Universidade de Coimbra* (na qual desenvolveu toda a sua atividade docente), foi pesquisador-bolsista da *Fundação Calouste Gulbenkian* (Lisboa) e, posteriormente, na mesma condição, estagiou no *Institut de Science Économique Appliquée* (Paris), sob a orientação de François Perroux. Em razão do seu envolvimento na vida política depois da *Revolução dos Cravos*, só em 1984 viria a concluir o seu doutoramento.[4]

A Faculdade de Direito de Coimbra, da qual se tornou catedrático de Economia Política em 1995, foi o espaço privilegiado da ação de Avelãs Nunes – por quase meio século, sem interrupção do seu exercício docente. Foi ali que ele ascendeu, mediante concursos públicos, aos vários níveis da carreira docente, tendo ocupado, entre 2003 e 2009 (ano da sua jubilação), o cargo de Vice-Reitor da mais antiga universidade portuguesa. E cabe observar que a sua aposentadoria, ao fim da primeira década do século XXI, não o afastou das lides universitárias nem reduziu sua intervenção teórica.

Esse longo ativismo no âmbito da formação de juristas, desenvolvido na Faculdade de Direito da Universidade de Coimbra, explica por que, no Brasil, Avelãs Nunes é sobretudo conhecido pelos estudiosos da área do Direito; contudo, é preciso enfatizar que, nos mais de quatro decênios do seu magistério, seu campo de pesquisa e docência tenha sido a Economia Política. Numa página de 2016, Avelãs Nunes esclareceu a razão deste magistério: "Preocupado em ajudar a formar bons juristas, entendia (e continuo a entender) que não é possível compreender o Direito, como produto social e como produto do Estado, sem conhecer e compreender a evolução econômica das sociedades capitalistas e a história das ideias econômicas [...] Procurava ajudar os meus alunos a acompanhar a evolução da ciência econômica desde o seu aparecimento, com o capitalismo, como *ciência da burguesia* (que ajudou a dissolver a sociedade feudal e a consolidar a nova ordem burguesa), até nossos dias". Porque vinculada ao seu magistério, a sua extensíssima obra – de fato, um incontável acervo de ensaios, conferências, artigos e livros de amplo fôlego – é dominantemente um largo elenco de contribuições à teoria, à história e à crítica da Economia

---
[4] Observe-se que a tese por ele apresentada tinha por objeto o Brasil: *Industrialização e Desenvolvimento. A Economia Política do 'Modelo Brasileiro de Desenvolvimento'* – esta excelente e rigorosa análise, tão apreciada por Celso Furtado, do "modelo econômico" da ditadura brasileira foi tardiamente publicada entre nós (cf., sob o mesmo título: S. Paulo: Quartier Latin, 2005).

Política. E só agora, nos últimos anos, no Brasil, a influência das suas ideias, neste domínio, em que seu saber se demonstra notável, ganha maior difusão. Em nosso país, repercutem algumas de suas produções voltadas para a Economia Política – em especial um de seus livros mais bem realizados, o relevante *Uma Introdução à Economia Política*.[5]

Cumpre notar que, tendo na academia o eixo da sua vida, Avelãs Nunes nunca limitou as suas preocupações ao conforto fácil do academicismo. Marxista de sólida formação, participou de lutas estudantis quando jovem e seus ulteriores embates teóricos sempre se conduziram com um claro comprometimento com os ideais da democracia e do socialismo. Sem nunca confundir ou identificar os diferentes espaços da elaboração teórica e os da intervenção político-partidária, ele soube/sabe ser um intelectual fiel aos objetivos da produção/difusão do conhecimento e um cidadão comprometido com a luta socialista. O pequeno – diga-se desde já: pequeno apenas em extensão – livro que o leitor tem em mãos é uma prova cabal do que se acaba de afirmar.

Vejamos um pouco da sua história.

Um jornal de província – em Portugal, a imprensa regional já gozou de importância –, o *Jornal do Fundão*, criado em 1946 por António Paulouro no Fundão, distrito de Castelo Branco, publicou, em fevereiro de 1969, uma entrevista de Jan Tinbergen (1903-1994), social-democrata holandês que, em outubro daquele ano, dividiria com o norueguês Ragnar Frisch (1895-1973) o primeiro Prêmio Nobel de Economia. O *Jornal do Fundão* era bastante conhecido; contava com um suplemento literário altamente qualificado[6] e se confrontara com o regime de Salazar em 1965, quando desobedeceu as ordens da censura fascista em face do "caso Luandino Vieira"[7] – o velho ditador impôs a interdição

---

[5] Editado por Quartier Latin (S. Paulo, em 2007); também aqui veio a público *Os trabalhadores e a crise do capitalismo* (Florianópolis: Empório do Direito, 2016). E circulam entre nós alguns outros livros seus: *Uma volta ao mundo das ideias econômicas. Será a Economia uma ciência?* (Coimbra: Almedina, 2008); *Noção e Objeto da Economia Política* (1ª edição, 1996; 3ª edição, Coimbra: Almedina, 2013); O estado capitalista e as suas máscaras, Lisboa, Editora Página a Página (1ª edição, 2012; 3ª edição, 2013) e Rio de Janeiro, Lumen Juris, 2013; *O neoliberalismo não é compatível com a democracia*, Rio de Janeiro, Editora Lumen Juris e Faculdade Guanambi Editora, 2016; *QUO VADIS, EUROPA?*, São Paulo, Editora Contracorrente, 2016; *As origens da ciência econômica. Fisiocracia, Smith, Ricardo, Marx* (Lisboa: Página a Página, 2016; Rio de Janeiro, Lumen Juris, 2017); *A REVOLUÇÃO FRANCESA – As Origens do Capitalismo – A Nova Ordem Jurídica Burguesa*, Belo Horizonte, Editora Fórum, 2017. Menos conhecido, lamentavelmente, é o seu substantivo, fundamental mesmo, ensaio teórico-crítico *O keynesianismo e a contra-revolução monetarista* (1ª edição, 1991; reeditado em 2016 pela Editora Página a Página).

[6] O seu suplemento foi dirigido pelo crítico Alexandre Pinheiro Torres (1923-1999), que o fascismo português obrigou ao exílio e que fez brilhante carreira na Universidade de Cardiff/Gales.

[7] Luandino Vieira (pseudônimo de José Vieira Mateus da Graça, nascido em 1935), reconhecida figura seminal da literatura angolana, combatente das fileiras do *Movimento Popular de Libertação de Angola*/MPLA, estava condenado e preso no campo do Tarrafal quando a *Sociedade Portuguesa*

do *Jornal do Fundão* por seis meses. A entrevista de Tinbergen, concedida a um gestor empresarial com fumaças intelectuais (Pereira Ramos), saiu, pois, em veículo que dispunha de um público que não se enganava quanto à fonte a que recorria.

Tinbergen, sexagenário, acadêmico qualificado entre outras razões pelo seu contributo à constituição da Econometria e teórico político-social com franco e sincero posicionamento e militância social-democrata desde 1923, com larga experiência em instituições estatais e supra-estatais, era já prestigiada personalidade europeia (e não só, dada a sua atuação como consultor econômico "países em desenvolvimento").[8] A premiação sueca, oficializada em outubro de 1969, coroava uma trajetória intelectual e política das mais sérias e tornava seu nome mundialmente conhecido. A sua entrevista publicada pelo *Jornal do Fundão* (cujo texto se reproduz no presente livro) repercutiu nos meios portugueses, seja pela recente premiação, seja, especialmente, por sintetizar a visão que um amplo espectro de social-democratas tinha da conjuntura europeia daquele final de década (visão que se fazia sentir em Portugal).[9]

Pois bem: Avelãs Nunes, então chegando aos trinta anos e desde Coimbra, tomou a peito replicar às ideias expendidas por Tinbergen. Em artigo publicado em julho de 1970 (também reproduzido adiante), firmado com a rubrica A. A. no número 318 de *Vértice*,[10] o jovem acadêmico confronta-se, polida e prudentemente, com o Prêmio Nobel. A

---

de Escritores/SPE, então presidida pelo grande crítico Jacinto do Prado Coelho (1920-1984), concedeu-lhe o Prêmio Castelo Branco pelo seu livro *Luuanda*. Imediatamente, veio a reação salazarista: fascistas depredaram a sede da SPE e a instituição foi extinta; a censura fascista exigiu o silêncio da imprensa e a qualificação de Luandino como "criminoso".

[8] A importância de Tinbergen no âmbito da economia pode ser aferida em páginas de Thomas Karier, *Intellectual Capital – Forty years of the Nobel Prize in Economics* (Cambridge: Cambridge University Press, 2010) e, especificamente, no ensaio de Albert Jolink, *Jan Tinbergen: the statistical turn in Economics* (Rotterdam: Chimes, 2013). Não são poucos os autores que o designam como "o pai da econometria". E não se esqueça que, ao fim da década de 1930, ele já gozava de destaque significativo, a ponto de suscitar críticas de Keynes (cf. Rafael Galvão de Almeida, "O debate Keynes-Tinbergen: relato histórico de uma controvérsia sobre a origem da econometria". *Revista Economia Ensaios*. Uberlândia: Universidade Federal de Uberlândia, 29, dez./2014).

[9] Em Portugal, à época, a social-democracia, bem no sentido como a pensava Tinbergen, ainda não se constituíra em partido político: a ditadura salazarista sempre impedira organizações partidárias que não a da legitimação do regime (a liberdade partidária só veio com a *Revolução dos Cravos*) – até 1974, o único partido, que resistia sob dura clandestinidade, era o *Partido Comunista Português*/PCP, fundado por operários a 6 de março de 1921 e sempre no combate ao regime do "Estado Novo" de Salazar. Mas parte da oposição não comunista, aliás débil, já incorporava posições social-democratas, através da *Ação Socialista Portuguesa*/ASP, criada no exílio em 1964; a ASP foi o embrião do *Partido Socialista Português*/PSP, criado também no exílio em 1973.

[10] Esta revista coimbrã, fundada em 1942, a partir de 1945 ergueu-se como um órgão da resistência ao salazarismo. Enfrentando o regime com alta qualificação intelectual, *Vértice*, que até hoje se publica, constituiu um firme e eficiente instrumento de luta contra o obscurantismo patrocinado por Salazar.

polidez faz parte da personalidade de Avelãs Nunes; já a prudência era um imperativo para publicar em tempos de censura prévia... Mas nem uma nem outra afetaram a pertinência das reservas que o ousado jovem intelectual tecia em torno do pensamento do recém-agraciado com o Prêmio Nobel. E tanto que Tinbergen, surpreendentemente, inclinou-se a uma réplica, intitulada "O essencial do socialismo" (igualmente reproduzida adiante), que foi publicada pelo mesmo *Jornal do Fundão* em meados do ano seguinte (18 de abril de 1971). Avelãs Nunes, poucos meses depois e novamente através de *Vértice* (números 334-335, de novembro-dezembro de 1971, e 336-337, de janeiro-fevereiro de 1972), atreveu-se à tréplica – e é o conjunto desses materiais que constitui o presente livro, cuja primeira edição saiu em Coimbra, em setembro de 1972.

Como verificará o leitor dessas páginas, a tréplica de Avelãs Nunes – mantendo o tom polido, mas não tanto prudente da sua intervenção anterior... – possui outra dimensão. Se a entrevista original de Tinbergen tinha cerca de 10 páginas e o artigo de *A. A.* mais ou menos a mesma extensão (distribuído em 9 observações) e se "O essencial do socialismo" fora exposto em 4 páginas enxutas, na sua tréplica, de mais de 60 páginas, Avelãs Nunes expõe sua crítica em 23 tópicos. E se o faz com a elegância de sempre, agora o jovem professor esgrime seus argumentos com mais desenvoltura e os desenvolve apoiando-se em mais dados factuais e em mais expressiva (e plural) bibliografia. Na verdade, a tréplica de Avelãs Nunes tem um amplo alcance.[11] *E é precisamente este alcance que justifica plenamente a reedição, em pleno ano da graça de 2017, deste livro que, pequeno em extensão, é grande pelo seu conteúdo teórico-político.*

Ao tempo do diálogo crítico e polêmico que Avelãs Nunes entabulou com Tinbergen, o fracasso histórico do projeto social-democrata assumido pelo Prêmio Nobel holandês não estava exposto à luz do sol. A crise terminal do Estado de Bem-Estar Social (*Welfare State*), conexa ao exaurimento das "três décadas de ouro" do capitalismo, só haveria de explicitar-se na passagem dos anos 1970 aos anos 1980; e mais: a descarada conversão dos social-democratas europeus a meros gestores do tardo-capitalismo – gestores que se esmeraram em aplicar com invulgar pertinácia e subserviência o receituário das "políticas de ajuste" – ainda não se manifestara tão despudoradamente.[12] Vale dizer: ao

---

[11] Ao longo das suas duas intervenções, Avelãs Nunes sublinha que não está desenvolvendo propriamente uma polêmica com Tinbergen; penso que esta ênfase do professor de Coimbra apenas expressa a sua polidez: a meu juízo (e, naturalmente, posso estar em erro), ele efetivamente levou a cabo, aliás exitosamente, uma clara polêmica com o respeitado Prêmio Nobel.

[12] A social-democracia a que Tinbergen aderira em 1923, e à qual permaneceu fiel, tinha pouco a ver com a social-democracia clássica do final do século XIX – era uma social-democracia perfeitamente assimilável pela ordem do capital. Por isto mesmo, quando seus partidos importantes

tempo do diálogo Tinbergen-Avelãs Nunes, um porta-voz da social-democracia ainda poderia ser ouvido como representante de uma vertente teórica e ídeo-cultural séria.[13] Eis por que Avelãs Nunes dedicou a Tinbergen especial atenção.

Ao fazê-lo, num texto de poucas dezenas de páginas, Avelãs Nunes feriu vitalmente o núcleo do pensamento de Tinbergen, vulnerabilizando medularmente as teses que articulavam a concepção teórico-política do economista holandês. Nas páginas seguintes, verá o leitor que tanto as ideias especificamente social-democratas de Tinbergen (a natureza do Estado, a relação produção/distribuição, a problemática do consumo, o papel do planejamento estatal, o espaço para as reformas sócio-econômicas no marco do capitalismo, o gradualismo, etc.) quanto as formulações que o ecletismo de Tinbergen incorporou de pensadores de diversas extrações teóricas (por exemplo, as hipóteses sobre a "revolução dos gerentes" e a tese da "convergência dos sistemas") – verá o leitor que todo este heteróclito conjunto teórico e ídeo-político é dissecado por Avelãs Nunes com rigor e competência. A resultante da crítica de Avelãs Nunes (formulada num andamento modulado em prosa cristalina, isenta de floreios retóricos) é inequívoca: a congruência formal com que Tinbergen expressa as suas teses contém debilidades teóricas e históricas que não resistem a provas que as práticas sócio-econômicas do capitalismo do século XX ofere-

---

(como o alemão ocidental, nos anos 1950) abandonaram explicitamente qualquer conexão com inspirações marxianas e marxistas, o terreno em que se moviam já era o do puro reformismo dentro da ordem burguesa; entretanto, o giro social-democrata dos anos 1980 retirou-lhe até mesmo o *possibilismo* político de que tinham sido emblemáticos – pense-se na "terceira via" teorizada por A. Giddens e implementada por Tony Blair.

Para uma aproximação à social-democracia que aqui designo por clássica, ainda é referência a antiga e fundamental obra de F. Mehring *L'histoire de la social-démocratie allemande de 1863 à 1891* (Pantin/Paris: Les bons caracteres, 2013, 2 vols.); para suas metamorfoses no século XX, há suficiente material em G. Badia, dir., *Histoire de l'Allemagne contemporaine* (Paris: Ed. Sociales, 1987, 1-2) e, para sua relação com o *Welfare State*, cf. A. Przeworski, *Capitalismo e social-democracia* (S. Paulo: Cia. das Letras, 1989); vale também a consulta a D. Sassoon, *Cem anos de socialismo* (Lisboa: Círculo de Leitores, 2001, 2 vols.). Para ilustrações da despudorada conversão social-democrata às "políticas de ajuste", cf. algumas páginas de A. Callinicos, *A vingança da história* (Rio de Janeiro: Jorge Zahar, 1992); para um ilustrativo depoimento social-democrata sobre uma particular (a espanhola) conversão desse gênero, cf. J. V. Sevilla Segura, *El declive de la socialdemocracia* (Barcelona: RBA, 2001), mas veja especialmente o longo e excelente *Posfácio* com que Avelãs Nunes enriqueceu a presente edição de *Do Capitalismo e do Socialismo*.

[13] Seriedade de que passaram a carecer os partidos social-democratas a partir dos anos 1980. E se a degradação do pensamento (e da prática) social-democrata nos países capitalistas europeus desde então é incontestável, nas periferias e semi-periferias capitalistas é tão ou mais flagrante: a título de exemplo, veja-se o documento produzido em 1990 pelo escritório político do então senador Fernando Henrique Cardoso e apresentado pelo próprio, intitulado "A social-democracia. O que é, o que propõe para o Brasil" (acessado em 22/10/2017 em www2.psdb.org.br/wp); ou ainda um mais recente e breve documento do Instituto Teotônio Vilela (centro de estudos e formação política do *Partido da Social Democracia Brasileira*/PSDB) intitulado "A social-democracia" (acessado em 22/10/2017 em itv.org.br/institucional/a-social-democracia).

cem abundantemente aos pesquisadores cuja perspectiva de análise vai além dos horizontes da ordem burguesa.

Reside aí o que, linhas acima, designei como o *conteúdo teórico-político* da crítica de Avelãs Nunes: a partir de supostos da teoria inaugurada por Marx-Engels e desenvolvida por marxistas, ele explicita as debilidades da crítica social-democrata ao capitalismo e, sobretudo, os limites das várias alternativas que ela propõe (note-se, por exemplo, como o nosso autor tangencia a questão do estatuto dos "países em desenvolvimento"), com todas as suas implicações para o âmbito das políticas sociais. Lidas quarenta e cinco anos depois de publicadas, estas páginas de *Do capitalismo e do socialismo* revelam a grandeza deste pequeno livro – revelam-se *atuais*, exatamente porque alguns núcleos temáticos de que Tinbergen se ocupou com a sua reconhecida seriedade são hoje retomados, num contexto histórico-social diverso e convenientemente a ele adequados, pelos social-democratas contemporâneos. Há que observar, por exemplo, como bem *antes* do giro que, nos anos 1980, levou a social-democracia a compatibilizar-se com o ideário politicamente antidemocrático do vulgarmente chamado *neoliberalismo*, Avelãs Nunes já enunciava os seus limites não só econômicos, mas societários (neste sentido, a crítica do jovem professor de Coimbra foi também projetiva).

Para concluir em poucas palavras: a reedição de *Do capitalismo e do socialismo* não se deve ao prestígio que, nas décadas ulteriores, haveria de coroar o trabalho começado nos inícios dos anos 1970 – deve-se à *importância intrínseca* das páginas que novamente estão disponíveis para o leitor dos dias de hoje. Este livro não constitui apenas uma crítica ao reformismo social-democrata dos tempos em que a social-democracia ainda podia ser levada a sério: constitui também uma advertência para aqueles que, contemporaneamente, movidos por razões as mais diversas, apostam apenas em transformações "no interior da ordem" (como gostava de repetir mestre Florestan Fernandes).

Advertência tanto mais útil e atual quanto mais o tardo-capitalismo reduz o espaço para as reformas que, quando Tinbergen enunciou as ideias das quais Avelãs Nunes discrepou, ainda pareciam viáveis no horizonte do possível.

Recreio dos Bandeirantes, outubro de 2017.

José Paulo Netto

Sumário

- **O Prof. Jan Tinbergen, Primeiro Prémio Nobel da Economia, fala com o Dr. Pereira Ramos para o *Jornal do Fundão*** 27
  - O que é a econometria? 29
  - A planificação no Ocidente e no Leste e o sistema misto 30
  - O que é um socialista de puro sangue? 31
  - Os países subdesenvolvidos 33
  - Na Universidade muitas coisas devem mudar 37
- **A propósito de uma entrevista de Jan Tinbergen, Prémio Nobel da Economia (1969)** 39
- **O essencial do socialismo** 51
  - Resposta do Prof. Jan Tinbergen: 52
- **Resposta a Tinbergen sobre o essencial do capitalismo e do socialismo** 57
  - 1. As boas intenções 58
  - 2. Uma grande tragédia humana? 61
  - 3. Um estrondoso fracasso 62
  - 4. As razões do fracasso ou a lógica do sistema 64
  - 5. A questão fundamental 68
  - 6. Gestão leal do capitalismo 69
  - 7. Há desigualdades e desigualdades 72
  - 8. O que é decisivo 73
  - 9. O Welfare-State 76
  - 10. O capitalismo já não existe? 78
  - 11. Um sistema misto 84
  - 12. O progresso e a propriedade privada 86
  - 13. A "democratização" do capital 88
  - 14. A "revolução dos *managers*" 90
  - 15. As grandes empresas ditas privadas 93
  - 16. A empresa "dotada de alma" 96
  - 17. Existirá a "sociedade dos gerentes"? 99

18. O *manager*... e o *boss*..101
19. O setor público: aliado útil e não perigoso rival...................................107
20. A planificação, elemento essencial do socialismo..................................108
21. O capitalismo e a 'planificação'..112
22. Concentração e 'planificação'...116
23. O estado nunca é neutro..119

Posfácio 127
Bibliografia referida no Posfácio...175

O Prof. Jan Tinbergen, Primeiro Prémio Nobel da Economia, fala com o Dr. Pereira Ramos para o *Jornal do Fundão*[1]

Ao Dr. Pereira Ramos, agora residente na Holanda, onde ocupa lugar relevante na Philips, deve já o nosso Jornal valiosíssima colaboração.

Da Bolívia, onde dirigiu a filial daquela importante organização, mandou-nos alguns originais que deram uma visão clara dos angustiosos problemas da América do Sul.

A entrevista com o Prof. Jan Tinbergen, plena de actualidade, é um exclusivo que os nossos leitores vão ter na devida conta e que nós, muito penhorados, agradecemos.

Não há estudante que não tenha, pelo menos, ouvido falar no seu nome nem economista que alguma vez se não tenha debruçado sobre os seus trabalhos.

Dele escreve o brilhante Prof. Francisco Pereira de Moura no seu livro *Problemas Fundamentais da Economia*: "Para citar um nome, entre tantos dos economistas actuais que têm feito avançar a econometria, decidimo-nos pelo holandês Jan Tinbergen, com uma obra multiforme mas que apresenta a característica relevante de jamais se deixar subjugar pela técnica matemática, antes a pondo ao serviço da investigação económica e social e da formulação da política económica naqueles problemas ou fases de resolução em que ela pode ser útil". Pois este notável esforço de investigação acaba de ser publicamente reconhecido com a atribuição do Prémio Nobel das Ciências Económicas, atribuído este ano pela primeira vez.

Professor da Universidade de Roterdão, Doutor *Honoris Causa* por várias Universidades, entre as quais a Universidade Técnica de Lisboa, Tinbergen é não só um investigador mas também um homem

---

[1] Entrevista publicada no *Jornal do Fundão*, nº 1.195, de 7.XII.1969.

de acção. Responsável durante dez anos pelos serviços de planificação económica do seu país, é considerado, a justo título, como o principal obreiro do formidável "milagre holandês" de ressurgimento de uma economia profundamente abalada pelas vicissitudes da última guerra. Posta a economia da Holanda no bom caminho, o Prof. Tinbergen passou então a dedicar-se aos problemas dos países menos desenvolvidos, actuando como conselheiro dos governos de muitos deles e como presidente da Comissão de Planificação do Desenvolvimento das Nações Unidas.

Mas o extraordinário sucesso da sua carreira profissional em nada fez alterar o estilo de vida simples de um homem que é de uma comovente modéstia. Casado, pai de três filhos e avô de sete netos, o Prof. Tinbergen nunca teve automóvel, prefere andar a pé, de bicicleta ou de comboio, quando não se decide a tomar o eléctrico que ele próprio por vezes conduz através das ruas da formosa cidade da Haia. Na sua casa, sóbria, do mais vulgar estilo holandês, não se descobre ponta de luxo; no escritório, prateleiras repletas de livros e uma mesa de trabalho igual à de qualquer estudante. Foi aí mesmo, nesse pequeno recanto onde se terá forjado toda a obra deste novo Prémio Nobel, que, entre duas taças do típico café holandês, tivemos com o Prof. Tinbergen a conversa que a seguir se reproduz e especialmente provocada em atenção aos leitores do *Jornal do Fundão*:

Jornal do Fundão – Prof. Tinbergen, como recebeu a notícia da atribuição do Prémio Nobel?

Professor Jan Tinbergen – A revista Time tinha já publicado uma lista de nomes de possíveis candidatos, entre os quais figurava o meu. Porém, nunca pensei que eu viesse a ser escolhido, pelo que foi para mim uma grande surpresa, uma agradável surpresa, mas também uma grande honra.

J. do F. – Poderá resumir-nos a sua actividade desde os seus primeiros tempos de jovem investigador até agora, a ponto de ser declarado Prémio Nobel? O Prof. Tinbergen não começou como economista, supomos...

J. T. – Efectivamente, comecei por me dedicar à Física, mas depois fiz a minha tese de doutoramento nos dois domínios, subordinado-a ao tema Problema dos Mínimos em Física e em Economia. Em seguida passei a dedicar-me inteiramente à Economia ao aceitar um lugar no Serviço Nacional de Estatística, onde deveria desenvolver a investigação sobre os ciclos económicos. No mesmo domínio trabalhei em

Genebra para a Sociedade das Nações. Isto passou-se antes da Guerra, entre 1936 e 1938. Depois da Guerra deixei o Serviço de Estatística e ingressei na Administração do Plano, de que fui director durante dez anos. Em 1955 abandonei o Plano e passei a dedicar-me inteiramente aos países em vias de desenvolvimento, actuando como conselheiro em vários países e em diferentes organizações internacionais. Dirijo também um Instituto que possui uma divisão que se ocupa particularmente da planificação central nos países subdesenvolvidos e onde um grupo de jovens economistas se dedica com o maior entusiasmo ao estudo dos problemas inerentes àqueles países.

O que é a econometria?

J. do F. – A econometria sofreu, devido à sua acção, um impulso formidável. Fundamentalmente, o que é a econometria e como se desenrolou o processo do seu desenvolvimento?

J. T. – Desde o começo da minha actividade, foi minha preocupação tentar aplicar métodos exactos, que, como a matemática, pudessem servir de elo de ligação entre a teoria e os factos económicos. Essa a verdadeira essência da econometria. Na altura tratava-se de qualquer coisa de inteiramente novo e eu e Frisch fazíamos parte do grupo de doze ou quinze economistas que periodicamente nos reuníamos em Lausana para trocar impressões sobre o assunto. Pela minha parte, apliquei pela primeira vez o novo método quando em 1936 o governo holandês me pediu um estudo sobre a política económica a seguir às épocas de depressão. Foi o meu primeiro modelo econométrico verificado com quantidades reais. Mais tarde, no âmbito da Sociedade das Nações, apliquei o mesmo método à economia dos Estados Unidos, de onde resultou a publicação do livro Business Cycles in the U.S.A., em 1939. Devo frisar que foi Frisch o grande inspirador de todo este movimento. Eu não fazia mais do que tentar segui-lo. Após alguns anos de experiência prática, eu e os meus colaboradores dos serviços do Plano holandês construímos um modelo para servir de quadro de referência da economia da Holanda. Foi o começo de uma tradição que ainda hoje se mantém. A partir de 1955, lancei-me em todo um outro domínio: os problemas a longo prazo. Já em 1942 havia feito a primeira tentativa, com a publicação de um artigo dedicado à Teoria da Tendência Geral, o célebre "trend" inglês, mas só treze anos depois, e isto porque de um lado e de outro me pediam conselhos para o futuro, me comecei verdadeiramente a interessar pelos modelos de planificação. Eu e os meus colaboradores, que hoje conhecem muito melhor do que eu as técnicas matemáticas, contribuímos, creio eu, para uma melhoria dos modelos até então existentes, como os de Harrod-Domar e Leontief.

J. do F. – Em que consistiu o vosso contributo para a melhoria desses modelos?

J. T. – Introduzimos algumas noções que em seguida se vieram a mostrar da maior utilidade. Por exemplo, marcámos claramente a diferença entre os bens que podem ser exportados ou importados e os bens que o não podem ser e aos quais chamámos bens de "indústria nacional". É interessante constatar a importância da existência de tais bens. Em geral, eles são mais ou menos comparáveis ao que também se costuma chamar "infra-estrutura". Apenas um exemplo: suponhamos que se pensa estabelecer em determinado ponto uma nova fábrica de têxteis ou de papel. Quais são as consequências para a infra-estrutura? É importante sabê-lo, pois é em função do todo, a infra-estrutura existente e a nova fábrica que se pretende construir, que a decisão deve ser tomada. Pode ser que a nova fábrica em si se justifique e beneficie de um critério favorável, mas se a sua laboração exige custos demasiado elevados em energia ou em transportes, por exemplo, é bem possível que, no interesse da economia tomada como um todo, o projecto da nova fábrica tenha de ser abandonado.

A planificação no Ocidente e no Leste e o sistema misto

J. do F. – Que outros aspectos da planificação mereceram o vosso cuidado?

J. T. – Além da planificação do ensino, um aspecto que nos mereceu toda a atenção é o relacionado com os países do leste. Primeiro que tudo, tentámos compreender melhor esses países e em seguida quisemos mostrar que tanto leste como oeste estão em movimento e que os dois sistemas se aproximam cada vez mais, sobretudo quando se considera o lado puramente económico. Por exemplo, verifica-se nos países ocidentais uma marcada tendência para uma maior planificação, tanto ao nível das grandes empresas como ao nível dos próprios governos. Na Holanda foram mesmo os industriais que pediram ao Governo para se proceder a uma planificação, a médio termo, para a indústria. Por outro lado, é evidente que se regista nos países de leste uma notável tendência para descentralizar um certo número de decisões. Ora, o que me parece é que existe um sistema intermediário que será melhor que os dois outros, o "sistema misto", como lhe chamamos. Quer dizer que há certas indústrias para as quais as decisões devem ser tomadas a um nível mais elevado enquanto há outras que em nada serão prejudicadas se as decisões que lhes dizem respeito forem tomadas a um nível mais baixo. É lá que a livre concorrência pode ser utilizada com o maior proveito. Outras actividades, como a educação, construção ou manutenção das vias de comunicação comportam aquilo a que se chama "efeitos externos", que são a causa do desvio entre benefícios e custos sociais e benefícios e custos privados. Essas actividades devem forçosamente quedar-se nas mãos do Estado. A poluição do ar ou das águas, por exemplo, é um problema de tal ordem que não pode ser resolvido senão ao nível mais elevado.

J. do F. – A tendência para a aproximação entre os sistemas de leste e oeste não terá sofrido uma poderosa travagem com o problema da Checoslováquia?

J. T. – Não me restam dúvidas de que tal representa, realmente, um importante recuo, mas apesar disso é minha convicção que, mesmo na Rússia, eles serão forçados a continuar a proceder a uma certa descentralização. É curioso verificar o que se passa já na Jugoslávia e até mesmo na Polónia, onde as colectivizações forçadas na agricultura foram suspensas. Na realidade, pode dizer-se que uma grande parte da agricultura na Polónia está sujeita a uma exploração privada. Não faltam exemplos que nos levam à conclusão, sem serem doutrinários, de que se opera uma descentralização. A invasão da Checoslováquia foi uma travagem, mas o processo não poderá ser detido indefinidamente.

J. do F. – Que razões terão levado os russos a tomar tal decisão?

J. T. – É difícil de responder, mas tenho a impressão de que os russos, habituados a viver, durante tão longo período, sob métodos não-democráticos, não estão ainda preparados para deixar certas decisões ao critério de certas pessoas ou empresas individuais.

O que é um socialista de puro sangue?

J. do F. – Temos ouvido chamar-lhe "socialista de puro sangue". Que significa esta expressão?

J. T. – Sou um social-democrata, membro do respectivo partido desde 1923. Ser social-democrata significa para mim que as decisões respeitantes à economia e ao bem-estar da população devem ser tomadas pela comunidade, quer dizer, o Estado. Não impede que certas decisões, no interesse geral, possam ser tomadas por entidades privadas. Não é para mim um dogma que tudo deve ser feito pelo Estado. Ao contrário, direi mesmo que o que se pretende é encontrar o ponto óptimo para a divisão de funções entre o sector público e o sector privado. Mas creio firmemente que, em princípio, as decisões devem ser tomadas pela comunidade. É esse o núcleo central da minha convicção filosófica. Por outro lado, desde que me conheço que me senti fortemente preocupado pelo problema da distribuição dos rendimentos. Existe neste campo uma tremenda injustiça tanto no interior dos países como entre eles mesmos. Basta ver a quanto monta o rendimento por pessoa nos Estados Unidos e na Índia, por exemplo, para nos darmos conta desse facto. Acho que, tanto ao nível nacional como internacional, é justo que haja uma redistribuição dos rendimentos mais equilibrada, o que se pode conseguir através de um adequado sistema de impostos, pela segurança social e pela educação. Educar uma pessoa é fazê-la passar de não-qualificada a qualificada, o que lhe permitirá obter uma posição e um salário mais elevados. Ao mesmo tempo torna-se mais fácil o mercado daquelas pessoas menos qualificadas, já que, ao reduzir-se o seu número, se reforça a sua posição no jogo da oferta e da procura.

J. do F. – Acha que o sistema socialista dos países de leste é mais apto para promover uma distribuição mais equitativa dos rendimentos do que o sistema capitalista dos países ocidentais?

J. T. – Pela minha parte, já não chamo capitalista ao sistema existente nos países do Ocidente. Creio que vivemos num sistema misto, onde existem bastante elementos socialistas. Direi então que não estou absolutamente nada seguro de que o sistema dos países de Leste seja o melhor, creio mesmo que o sistema que melhor pode servir é um que se encontra a meio caminho entre os dois sistemas tradicionais. Todos os nossos esforços devem tender a melhorar as práticas existentes e isto tanto de um lado como do outro. A este respeito, creio que os sociais-democratas têm qualquer coisa de novo e de melhor para apresentar. Cito como exemplo o caso da Suécia, país onde mais se avançou, mas onde se não atingiu ainda o ponto óptimo. Insisto no facto de que se não deve fazer uma ideia errada sobre o socialismo. Para mim ele significa que é necessário fazer entrar maior igualdade no sistema, tornando-o mais justo sem que isso signifique que todos os bens de produção devem estar sob a alçada do Estado.

J. do F. – Estará a sua maneira simples de viver relacionada com as suas concepções filosóficas?

J. T. – Sim, certamente. Volto a repetir que não parece justo que, enquanto há gente que morre de fome, outras pessoas gozem de uma riqueza excessiva. Dir-lhe-ei que, como todos os professores na Holanda, recebo um ordenado bastante elevado, mas faço intervir um certo voluntarismo tendente a fazer restringir o consumo, a não adquirir tudo aquilo que posso. Acho que, para bem dos menos favorecidos, há necessidade, no mundo inteiro, de praticar um pouco esse voluntarismo.

J. do F. – Se reconhece que tem um bom ordenado e se não o gasta, então poupa-o?

J. T. – Não, não é isso o que eu faço. Existe na Holanda uma organização cujos membros lhe entregam uma certa percentagem do seu salário, servindo os fundos assim constituídos para financiar projectos de ajuda aos países subdesenvolvidos. E eu sou um dos membros dessa organização.

Os países subdesenvolvidos

J. do F. – Pois que falamos de países subdesenvolvidos, que perspectivas se apresentam para resolver o problema desses países?

J. T. – Em primeiro lugar, é preciso distinguir entre as perspectivas, quer dizer, as previsões e aquilo que é necessário fazer. Devo dizer que certas perspectivas são bastante animadoras. Quando olhamos para certos países asiáticos, como a Coreia, a Tailândia, as Filipinas, podemos ver aí taxas de crescimento apreciáveis. Talvez isso seja devido à proximidade do Japão, mas, de qualquer maneira, taxas de 7% e 8%, como as que lá se registam, é qualquer coisa de muito importante. Isso parece provar que é possível proceder a um desenvolvimento acelerado dos países mais atrasados.

J. do F. – Não obstante, o fosso entre os países industrializados e subdesenvolvidos não cessa de se alargar...

J. T. – É verdade e a situação não mudará enquanto os dirigentes dos dois grupos de países não mudarem a sua política.

J. do F. – Em que sentido se deve fazer essa transformação?

J. T. – Apenas um exemplo: seria desejável, para criar maior número de empregos nos países subdesenvolvidos, que fossem criadas indústrias que exigem muita mão-de-obra, como, por exemplo, uma certa parte da indústria têxtil ou de metais. Mas são precisamente essas indústrias que nós mais protegemos nos nossos países industrializados. Este é um bom exemplo que mostra que os países subdesenvolvidos não poderão avançar enquanto os países desenvolvidos não cumprirem a sua obrigação, isto é, não liberalizarem as suas importações e não aumentarem as suas contribuições financeiras. Ainda há pouco, em Bangkok, ao estudar com outros especialistas as perspectivas de desenvolvimento dos países do Sudeste Asiático, chegámos à conclusão de que todos eles têm o mesmo problema, isto é, não podem desenvolver as indústrias que, para eles, são as mais naturais, devido a que nós protegemos exactamente essas indústrias. Neste campo há imenso a fazer.

J. do F. – Possivelmente haverá também uma questão psicológica que joga: os países subdesenvolvidos mostram-se desconfiados e receosos de uma espécie de neocolonialismo...

J. T. – Indubitavelmente e não deixam de ter razão. Acho que o ambiente só melhorará quando os grandes países desenvolvidos se decidirem a praticar uma verdadeira política multilateral destinada a colaborar de uma forma efectiva e sincera com os países subdesenvolvidos.

J. do F. – Se não se importa, voltemos à Europa. Qual é a sua opinião sobre o tão discutido "desafio americano"?

J. T. – Ele existe, realmente, mas não temos na Holanda tanto medo dele como os franceses, que olham receosos para a progressiva penetração americana. É um facto que os americanos, pela sua formidável actividade, pelo seu espírito criativo, continuam mais avançados do que nós. A distância não diminui, o que significa que é necessário fazer um esforço maior para reduzir o atraso. É já qualquer coisa de bom que a nossa taxa média de crescimento na Europa seja de 5% enquanto nos U.S.A. é um pouco mais baixa. Mas, de qualquer forma, é um facto que em diferentes ramos os americanos têm uma notável actividade e dedicam somas fabulosas à investigação. Neste sentido estamos realmente em presença de um desafio, mas não é um desafio sem resposta.

J. do F. – A melhor resposta partirá, certamente, de uma melhor colaboração entre os países europeus...

J. T. – Estou completamente de acordo. Sou um europeu convicto e desde sempre me bati por uma unificação da Europa que comporte o maior número de países possível. Sobretudo, acho que devemos ir no sentido do espírito do Tratado de Roma, isto é, deixar que certas decisões sejam tomadas ao nível mais elevado. Quer dizer que a nossa soberania deve ser parcialmente dada a uma entidade supranacional saída ou do Mercado Comum ou de uma combinação entre a C.E.E. e a E.F.T.A.

O tradicional espírito individualista europeu parece estar a diluir-se um pouco, pois se assiste cada vez mais a um esforço de aproximação entre as grandes empresas, quer sob a forma de fusão, quer sob outras formas de colaboração. É um bom caminho para a resposta adequada ao desafio americano, mas é necessário acompanhar esse movimento com a criação de instituições políticas.

J. do F. – Precisamente, como é que um socialista convicto, de que o Prof. Tinbergen é um bom exemplo, reage à criação intensiva dessas gigantescas unidades capitalistas?

J. T. – O principal é decidir se uma indústria deve ser pública ou privada. Na minha opinião, as indústrias que se encontram ainda numa fase de desenvolvimento dinâmico beneficiarão mais em permanecer entre mãos privadas do que entre as mãos do Estado. Mas desde que essa indústria se tenha tornado uma indústria de rotina, e tendo em conta os efeitos externos de que já falámos, ela poderá passar a ser dirigida pelo Estado. O essencial é encontrar a solução que melhor sirva o interesse geral. Notarei, contudo, que não se deve crer que as grandes empresas ditas privadas o são realmente. É preciso não esquecer que as suas actividades são limitadas por toda uma série de leis, pagam quase metade dos seus lucros sob a forma de impostos, devem manter uma duração de trabalho prescrita pela lei. São, enfim, fortemente limitadas na sua liberdade de acção. O economista sueco Karlsson, numa análise sobre a propriedade, mostra que esta se compõe de diversas partes e que, ao comparar a situação actual com a existente em meados do século passado, constata que toda uma série de componentes da propriedade foram já nacionalizados. Como dizem outros economistas, a propriedade privada já foi "creusée". Uma nacionalização de funções é para mim mais importante que uma completa nacionalização. É aqui que reside a grande diferença entre a concepção actual e a vigente por alturas de 1921, em que se procurava estabelecer uma lista das indústrias que deveriam ser nacionalizadas. Hoje o que se procura saber é quais são as funções que devem ser nacionalizadas. Desta forma se deixa a grande força da iniciativa e da criação entre as mãos dos indivíduos mais capazes, aproveitando-se assim todo o esforço da sua actividade. Devo acrescentar que o industrial de hoje trabalha muitíssimo mais que o seu colega que viveu um século atrás, e com muito mais risco.

J. do F. – Pois que falamos de todos estes problemas económicos da actualidade, poderá o Prof. Tinbergen dar-nos a sua opinião sobre o tão discutido sistema monetário internacional em vigência?

J. T. – Sou partidário da opinião de que o Fundo Monetário Internacional se deve transformar em Banco Central. Quer dizer que, como excelentemente indicou o Prof. Triffin, se deveria ir para uma situação em que aquela instituição emitisse papéis de valor internacional, como o faz, no interior de cada país, um Banco Central. Isso significa igualmente que a situação das actuais moedas-chave (dólar e libra) deve mudar. Ninguém pode negar que os dois países anglo-saxões se aproveitaram da posição das suas moedas. Isso representa uma flagrante injustiça, mas também uma situação perigosa, como claramente indicou Triffin, ao dizer que a estabilidade do sistema está em perigo desde que ele repouse unicamente sobre uma ou duas moedas. É por isso que eu creio que só uma moeda universal emitida pelo FMI pode efectivamente ser a base de um são sistema monetário internacional. Mas este não pode ser senão um projecto a longo termo, até porque existem ainda e bastante arreigadas muitas crenças, como aquela que pretende que é necessário ter fortes reservas de ouro para que o valor da moeda mereça confiança. No que respeita à Europa, creio que, numa fase mais adiantada da integração, vai ser necessário utilizar uma moeda única. Mas isso pressupõe a existência de uma entidade supranacional com autoridade em certas matérias, nomeadamente a monetária.

J. do F. – Voltemos, para terminar, à investigação e à Universidade. Em primeiro lugar, que pensa da intromissão, que muita gente considera abusiva, das matemáticas no estudo das outras ciências, especialmente nas ciências económicas?

J. T. – Penso que as matemáticas constituem um instrumento poderoso para analisar e exprimir explicitamente certas relações e é por isso que acho que elas podem ter um papel importante no estudo de muitas das outras ciências. É um facto que em cada ciência é necessário identificar a natureza de certos fenómenos. Essa é a parte qualitativa de uma ciência e onde se não pode utilizar as matemáticas. Uma vez definidos os diferentes fenómenos ou variáveis que entram em jogo, para melhor indicar as relações e para melhor controlar a teoria, é necessário, primeiro, utilizar uma unidade de medida e, depois, proceder a uma verificação. Creio que é um processo universal que atinge todas as ciências. Muitas delas, nas quais a matemática nunca tinha penetrado, começam agora também a servir-se dela. É o caso da Biologia e da Psicologia. Enfim, creio que é um desenvolvimento absolutamente natural.

Na Universidade muitas coisas devem mudar

J. do F. – Como professor universitário, o movimento de contestação que ultimamente se tem vindo a desenrolar não lhe passou certamente despercebido. Qual é a sua posição sobre o assunto?

J. T. – É um facto que muitas coisas devem mudar no seio da Universidade. Alguns colegas meus, um pouco conservadores, não são da mesma opinião. Não creio, contudo, que seja necessário haver na Universidade o máximo de democracia, como frequentemente se ouve reclamar. O que é absolutamente preciso é encontrar o ponto óptimo de democracia. A Universidade tem tarefas distintas e, em primeiro lugar, citarei a comunicação entre o estudante e o professor, que deve fazer-se a um nível bastante democrático. Outra tarefa é a da investigação, e nesta creio que uma demasiada democracia, com excessivas reuniões para discutir, cada vez, sobre as estruturas, implica uma considerável perda de tempo e de dinheiro. O que é necessário é tentar encontrar o ponto óptimo e esse ponto mostrará, com toda a certeza, que se não pode ir ao extremo da democratização. É preciso aproveitar as ideias úteis, que as há, mas, visto que o dinheiro necessário para financiar a Universidade sai dos bolsos da comunidade, é impossível que esta não tenha uma certa influência sobre as decisões a tomar.

> Esta a conversa que tivemos com o Prof. Tinbergen. Naturalmente ficaram por fazer outras perguntas que poderiam ter interesse, já que com um homem desta envergadura não faltam os temas de discussão. Mas o que acima ficou escrito é certamente suficiente para dar aos leitores do nosso jornal uma ideia válida da personalidade e do pensamento deste novo Prémio Nobel. Mas o que mais gostaríamos de compartilhar com aqueles que nos lêem é a sensação magnífica que experimentámos ao constatar que o Professor, o notável investigador, o Prémio Nobel, é afinal um homem simples, modesto, sem outras ambições que não seja a de servir os outros servindo a ciência. Em que muitos deveriam pôr os olhos...

A propósito de uma entrevista de Jan Tinbergen, Prémio Nobel da Economia (1969)

1. O holandês Jan Tinbergen, primeiro Prémio Nobel da Economia, deu entrevista ao *Jornal do Fundão*.

Homem modesto, vivendo numa casa sóbria, sem automóvel – eis alguns dos seus atributos pessoais, que o entrevistador nos aponta.

Social-democrata confesso, "europeu convicto", Tinbergen apresenta conceitos típicos de um certo reformismo, apelando para o ideal de um sistema económico vago, que não chega a definir: "tanto Leste (tendência para a descentralização) como Oeste (tendência para a planificação) estão em movimento e os dois sistemas aproximam-se cada vez mais, sobretudo quando se considera o lado puramente económico"; "não estou seguro de que o sistema de Leste seja o melhor – o que melhor pode servir é um que se encontra *a meio caminho* entre os dois sistemas tradicionais"; "parece-me que existe um *sistema misto,* intermédio, melhor que os outros dois."

Jan Tinbergen já não chama *capitalista* ao "sistema existente nos países do Ocidente." "Vivemos – continua ele – num sistema misto onde existem elementos capitalistas." Há que tentar "esforços para melhorar as práticas existentes, de um lado como do outro. A este respeito, creio que os sociais-democratas têm qualquer coisa de novo e de melhor a apresentar. Cito como exemplo a Suécia, país onde se avançou mais, mas onde ainda se não atingiu o ponto ótimo."

Para além da propaganda à social-democracia, aqui aparece mais uma vez a ideia da *convergência dos sistemas* (tese tão insustentável como a da quadratura do círculo ou a de que a História anda para trás), ideia tão cara a Tinbergen e a outros economistas e sociólogos burgueses (J. K. Galbraith, Jules Moch, Raymond Aron, J. J. Servan-Schreiber, Giuseppe Petrilli etc.), ideia que faz parte da ideologia dominante, a nível governamental, em alguns paises industrializados da Europa (v.g. Suécia, Inglaterra, Alemanha, Itália). Tinbergen não está, portanto, desamparado (de outro modo, talvez não fosse Prémio Nobel...).

2. Trata-se, para os adeptos da *convergência dos sistemas* (ponto onde afloram, de algum modo, as ideias do célebre ideólogo americano W. W. Rostow sobre as etapas do desenvolvimento económico), de fazer crer que o progresso tecnológico operou alterações na atuação das forças económicas, num e noutro dos sistemas, tendo-se introduzido correctivos que os aproximaram no plano operativo. Nas palavras de Galbraith: "São os imperativos da tecnologia e da organização, e não as concepções ideológicas, que determinam a forma da sociedade económica". Talvez melhor: aquele tipo de sociedade única a que nos conduziria a tal convergência, a *sociedade industrial,* ou *sociedade post-industrial,* tipificando uma nova civilização, a *civilização industrial,* que não deveria considerar-se caraterística própria de um tipo particular de organização das relações económicas.

Expressiva esta conclusão de Servan-Schreiber, no célebre *Le Défi Américain*: "com a cibernética, que permitirá uma melhor repartição das riquezas, poderá efetuar-se a socialização muito mais eficazmente do que por meio de nacionalizações".

Pelo que toca ao socialismo, tudo se passaria como se existissem várias *fases* de socialismo, determinadas pelo nível de desenvolvimento tecnológico, e como se os países socialistas (ou alguns deles) estivessem agora a entrar numa *fase de industrialização,* aproximando-se, por isso mesmo, de uma estrutura semelhante à do capitalismo industrial mais desenvolvido.

Compreender-se-á melhor agora por que falamos acima da influência de Rostow e como ela nos aparece neste ponto básico da ideologia de todos os defensores da convergência: as atuais diferenças entre o capitalismo e socialismo estão destinadas a desaparecer, pelo que não terá sentido uma orientação socialista para superar o atraso dos países 'subdesenvolvidos', do mesmo modo que será supérflua uma alternativa socialista para os países capitalistas desenvolvidos.

3. Como sinais de tal convergência, costumam apontar-se, entre outros, os seguintes:
– necessidade da programação económica nos países de economia de mercado, em consequência do aparecimento de novas tecnologias (teoria do "capitalismo organizado");

- caráter social das forças produtivas, nos países de economia capitalista;
- difusão da propriedade privada dos meios de produção pelos milhares de acionistas das modernas sociedades anónimas, acompanhada da separação, cada vez mais nítida, entre a propriedade e o poder económico. E o poder (o poder sem propriedade – *power without property*, na expressão que serve de título a um conhecido livro de Adolf Berle) é que contaria, não a propriedade privada dos meios de produção: os acionistas-proprietários cederiam o seu lugar aos *managers* (Galbraith fala de *tecnostrutura*, designação modernizada para traduzir a ideia, mais antiga, da *revolução dos managers* – o livro The Managerial Revolution, de James Burnham, é de 1941);
- a introdução de novas tecnologias, desfazendo a conexão entre maior produtividade e maior intensificação do trabalho, conduziria à superação do próprio conceito de *luta de classes*, transferindo para fora do processo produtivo o conflito entre os diversos grupos sociais.

Como se vê, estamos em presença de teorias que isolam as *forças produtivas* das *relações de produção*, identificando a revolução no campo da ciência e da técnica com a revolução social, para legitimar a conclusão de que o problema da propriedade dos meios de produção é um problema ultrapassado.

Que assim não é demonstra-o o próprio destino da *revolução dos managers*. Revolução "muito menos revolucionária do que algum dia pareceu, (...) tendia (...) a converter os gerentes profissionais nos *verdadeiros detentores*, expropriando progressivamente os primeiros" [os autênticos detentores do domínio]. Por isso, estes reagiram, reduzindo a tecnocracia, como era de prever, a um instrumento puro e simples da plutocracia (mais ou menos interessado, mais ou menos plutocratizado, mas sempre integrado na sua função de *longa manus*)."[2]

A verdade é que o capitalismo continua a ser aquele sistema que assenta na propriedade privada dos meios de produção, utilizados com vista à obtenção de lucros (mais-valia) para os detentores do capital. E o socialismo, aquele sistema que assenta na propriedade coletiva dos meios de produção, postos ao serviço da satisfação das necessidades avaliadas mediante um esquema de planificação imperativa.

---

[2] Orlando de Carvalho, *Direito das Coisas* (dactil.), Coimbra, 1970, 41/42.

4. Já se vê como esta caracterização do socialismo difere em muito da noção vaga e idealista que dele nos dá o celebrado Prémio Nobel: "Para mim – afirma Tinbergen – ele [o socialismo] significa que é necessário fazer entrar no sistema uma maior igualdade, tornando-o mais justo, sem que isso signifique que todos os bens de produção devem estar sob a alçada do estado".

Nestes termos, quem haverá aí que não seja 'socialista'? Pois se para haver socialismo basta "fazer entrar no *sistema* [no sistema capitalista, parece] uma *maior igualdade,* tornando-se *mais justo*"!... Aí está uma forma de 'socialismo' que convém às mil maravilhas a qualquer estado neocapitalista, realizando a *igualdade* e a *justiça* por caminhos que desconhecem inteiramente a natureza classista do sistema capitalista.

Trata-se, aliás, de uma noção de 'socialismo' que só ganhará em clareza e expressividade se a confrontarmos com estas outras declarações do Prof. Jan Tinbergen, "socialista de puro sangue", como lhe chama o entrevistador (sem ironia, segundo nos pareceu...): "Na minha opinião, as indústrias que se encontram ainda numa fase de desenvolvimento dinâmico beneficiarão mais em permanecer em mãos privadas do que nas mãos do estado. (...) Notarei, contudo, que não se deve crer que as grandes empresas ditas privadas o são realmente. É preciso não esquecer que as suas atividades são limitadas por uma série de leis, pagam quase metade dos seus lucros sob a forma de impostos, devem manter uma duração de trabalho prescrita pela lei e são, enfim, fortemente limitadas na sua liberdade de ação."

5. É certo que nos países capitalistas mais evoluídos se verifica uma crescente intervenção do estado na vida económica.

Um dos aspetos mais salientes desta presença do estado nos países capitalistas é a atividade de planeamento, correspondendo ao interesse das grandes empresas dos nossos dias em diminuir os *riscos* dos investimentos e em garantir o desenvolvimento ordenado dos mercados.

E já se vê como esta lógica é bem diferente desta outra, que ressalta, por exemplo, das obras de J. K. Galbraith: perante a evolução das técnicas de produção e de distribuição, a indústria moderna implica um aumento da dimensão das empresas; daí a exigência de uma certa planificação ("o inimigo do mercado – escreve Galbraith – não é a ideologia, mas a técnica"); é esta planificação das grandes empresas – e não o mercado – que determina a orientação e o volume da produção e a estrutura dos preços. Daí que o economista americano afirme que "tanto o Ocidente como a União Soviética superaram o estádio da economia de mercado", concluindo: "quando a iniciativa pertence ao consumidor, fala-se de economia de mercado; quando ela passa para o produtor, a cujas conveniências e necessidades o consumidor deve adaptar-se, fala-se de economia planificada".

O que interessa, porém, é saber quem são os produtores (os titulares dos meios de produção) e quais são os interesses que prosseguem...

6. Mas regressemos a Tinbergen. "Fortemente preocupado com o problema da distribuição do rendimento", confessa que "existe neste campo uma tremenda injustiça, tanto no interior dos países como entre eles mesmos", acrescentando que não lhe "parece justo que enquanto há gente que morre de fome outras pessoas gozem de uma riqueza excessiva".

Propõe ele que "haja uma redistribuição mais equilibrada do rendimento, o que se pode conseguir através de um mais adequado sistema de impostos, pela segurança social e pela educação" (entre parêntesis, anote-se o seu conceito de educação: "educar uma pessoa é fazê-la passar de não-qualificada para qualificada, o que lhe permitirá obter uma posição e um salário mais elevados." É tão claro o seu acento tecnocrático e neocapitalista, que não carece de comentários).

Ninguém, por certo, deixará de reconhecer os bons sentimentos do Prof. Tinbergen. Mas a justiça não se conquista à custa de bons sentimentos. Os sistemas contam mais do que o bom coração dos homens. E é certo também que o remédio proposto por Tinbergen em nada altera o sistema.

Tal remédio consiste, afinal, na chamada *política de redistribuição do rendimento,* que vem sendo praticada nos países capitalistas de democracia burguesa, sobretudo a partir da Segunda Guerra Mundial, política que se poderá caraterizar como a aplicação à repartição dos rendimentos do princípio dos vasos comunicantes, que se traduz, *grosso modo,* em tirar aos ricos para dar aos pobres. Desta política escreveu um autor – que não é, aliás, adversário dela – que "a redistribuição do rendimento não passa de *institucionalização das boas ações*" (nós é que sublinhamos), acrescentando o mesmo autor que ela "não deve nem pode ser um substituto de reformas estruturais."[3]

---

[3] Daniel CHABANOL, "L'autre France: réflexions sur la redistribution des revenus", em *Analyse et Prévision*, fev./1969 (transcrito em *Problèmes Économiques*, 10/4/1969, 3ss).

Nem pode entender-se, como é evidente, que a lógica da política de redistribuição venha destruir a lógica do sistema por que se regem os países onde ela é praticada, antes são as próprias exigências de funcionamento do sistema que vão opor resistências e ditar os limites de todo o processo de redistribuição. Visando corrigir a distribuição estabelecida como resultado do livre jogo das forças económicas, a política de redistribuição do rendimento encontra, a breve trecho, limites intransponíveis: "A sua lógica é reformar o mercado sem o destruir. Tocam-se aqui os limites do emprego das finanças como instrumento de atuação sobre as estruturas."[4]

Não se trata, portanto, de alterar o sistema.[5] Antes pelo contrário. Tal política apenas ganha razão de ser perante certas consequências inerentes ao sistema; e é, por outro lado, necessária para salvaguarda do próprio sistema.

Efetivamente, deixando de lado a questão de saber se a desigualdade na distribuição do rendimento se desenvolveu ou agravou com o sistema capitalista, a verdade é que tal desigualdade foi sentida com mais acuidade sob o capitalismo, e sob ele veio sendo contestada com uma força crescente. Isto mesmo reconhecem, aliás, os defensores do sistema, sendo de um dos seus mais notáveis expoentes (Schumpeter) a classificação do capitalismo como a "civilização da desigualdade".

Assim sendo, a tentativa de minorar as desigualdades apresenta desde logo a vantagem de amortecer a contestação, cada vez mais profunda, dessas mesmas desigualdades.

Por outro lado, a desigualdade de rendimentos apresenta-se, economicamente, cada vez menos compatível com as exigências do capitalismo moderno.

Perante a produção em massa de produtos industriais, é de todo em todo necessário colocar esses produtos no mercado. Ora, a existência de um grande número de pobres, com um fraquíssimo poder de compra, constitui um obstáculo importante ao escoamento dos bens produzidos. Nesta medida, a política de redistribuição do rendimento significa, a par de outros expedientes (publicidade, instituição das vendas a prestações como forma de crédito ao consumo etc.), a possibilidade de obter um mercado alargado e solvente, que se pretende seja capaz de absorver toda a produção.

---

[4] H. Brochier et P. Tabatoni, *Économie Financière*, Paris , PUF, Col. Thémis, 2ª ed. (1963), 494.

[5] Embora esta luta contra a desigualdade dos rendimentos por meio do sistema fiscal e das despesas públicas apareça muitas vezes apontada como "a expressão de uma corrente doutrinal de tendência socialista" (H. Brochier et P. Tabatoni, *ob. cit.*, 485).

Pode mesmo dizer-se que a redistribuição só ganhou foros de *atuação deliberada*, de *política*, sob a pressão de argumentos de ordem económica. E estes são, fundamentalmente, os que resultam da doutrinação de Lord Keynes, o teórico do capitalismo na sua fase de capitalismo monopolista de estado.

Keynes procurou demonstrar que, nesta fase do capitalismo, a desigualdade de rendimentos provoca aforro excessivo (tenha-se em conta que Keynes raciocinava tendo presente o caso de uma economia capitalista desenvolvida, como a inglesa). Ora, a redistribuição do rendimento, na medida em que beneficiasse os estratos de rendimentos mais baixos, traduzir-se-ia num aumento da propensão ao consumo, em aumento da "procura efetiva", assim atuando como instrumento da política de pleno emprego, pedra basilar da construção keynesiana.[6]

7. Falou-se, a respeito desta política de redistribuição, de "revolução silenciosa". Mas a verdade é que os resultados dessa 'revolução' não têm sido os que dela esperavam os seus fautores e defensores. São eles próprios, aliás, a reconhecê-lo.

Efetivamente, muitos são os autores que se mostram desiludidos com as conclusões dos estudos empreendidos em vários países. Daniel Chabanol é peremptório em afirmar que "as técnicas [de redistribuição] utilizadas são inoperantes ou insuficientes", acrescentando, relativamente ao efeito redistributivo operado na França pela *Sécurité Sociale*, que ela tem atuado em sentido inverso ao desejado: "plus on gagne, moins on finance et plus on participe aux prestations!"[7]

Quanto à Inglaterra, trabalhos de vários autores (F. Weaver, A. T. Peacock, R. M. Titmuss, entre outros) têm comprovado, sem discrepâncias, que se obteve apenas uma ligeira atenuação das desigualdades pessoais (não da desigualdade entre as classes sociais), significando, portanto, uma simples *redistribuição horizontal*, no interior das classes tomadas no seu conjunto, e não uma *redistribuição vertical* descendente.

De acordo com elementos de Titmuss,[8] em 1938, a 58,3% da população ativa inglesa (os mais pobres: 14 milhões) cabiam 31,6% do

---

[6] Cfr. J. M. KEYNES, *Théorie Générale de l'Emploi, de l'Intérêt et la Monnaie*, trad. francesa, Paris, Payot, 1968, 386ss: "ela [a experiência] ensina também – escreve Keynes – que medidas tendentes a modificar a repartição do rendimento num sentido favorável à propensão ao consumo são adequadas a acelerar grandemente o desenvolvimento do capital."

[7] Ver artigo citado, onde se fornecem informações mais pormenorizadas, não só sobre a França, mas também sobre a Inglaterra e os EUA. Podem colher-se outras indicações em: E. MANDEL, *Traité d'Économie Marxiste*, vol. II, Union Générale d'Éditions, Col. 10/18, Paris, 1969, 279ss.; A. BARRÈRE, *Economie Financière*, t. II, Paris, PUF, 1965, 132ss.; H. BROCHIER et P. TABATONI, *ob. cit.*, 435-445.

[8] *Apud* E. MANDEL, *ob. cit.*, 287.

rendimento pessoal; em 1955, a 61,6% da população ativa (os mais pobres: 16 milhões) cabiam 34,8% do rendimento pessoal. Quer dizer: a situação manteve-se estacionária.

E no mesmo estudo de Titmuss apresenta-se esta conclusão geral ainda mais severa: "a desigualdade de rendimentos tem vindo a aumentar desde 1949 e a desigualdade das riquezas tem aumentado provavelmente ainda mais."[9]

Em suma, parece poder concluir-se que a redistribuição corretiva, enquanto política tendente a diminuir as desigualdades de rendimentos, tem sido um desastre: "o escândalo está em que existem hoje, nas nossas sociedades ricas, não apenas *ilhas*, mas *massas* de pobreza"![10] Nem se conseguiu, por outro lado, assegurar a todos a cobertura das necessidades básicas elementares, os "custos do homem", na expressiva designação de François Perroux.

Isto, mesmo nos países mais ricos. Relativamente aos EUA, Michael Harrington, baseado em copiosa documentação, chegou à conclusão de que 20% a 25% dos americanos carecem de alimentação, de cuidados médicos e de condições mínimas de habitação, numa situação geral pior do que a observada há uns 15 anos.

Acerca da situação observada nos EUA, são eloquentes os dados fornecidos por Robert McNamara, em discurso recente (março/1970), proferido na *Columbia University*: "A sociedade mais rica do globo tem no seu seio mais de 20 milhões de indivíduos (10% das famílias brancas e 35% das famílias negras) tão pobres, que as suas vidas decorrem no limiar da pura subsistência." Compreende-se, por isso, o ar de desalento que perpassa nestas palavras de Nixon (Mensagem sobre o Estado da União, em 22/01/70): "Nunca uma nação pareceu ter tido tanto e tê-lo gozado tão pouco."

Concluímos com estas palavras de Daniel Chabanol:[11] "Esta capacidade da sociedade industrial [leia-se capitalista] de produzir pobreza é ao mesmo tempo surpreendente e preocupante. Os sacrificados pelo processo de crescimento não são casos particulares; por detrás da sua amplitude escondem-se determinados mecanismos. Em vez de surpreender esses mecanismos e de os sanear, a política de redistribuição do rendimento, atendo-se apenas aos efeitos, tem-se mostrado em larga medida superficial e inoperante."

Quod erat sperandum...

---

[9] Citado por F. Mombert, "Problèmes de sociologie et d'économie fiscale", em *Revue de Science Financière,* 1967, 119, em nota.

[10] Henri Bartoli, "Sur la société capitaliste de ce temps", em *Esprit*, março/1970, 493.

[11] Cfr. *ob. cit.*, 10.

Acrescentaremos, agora, que a generalidade dos autores está de acordo quanto à inaplicabilidade daquela política de redistribuição do rendimento nos países 'subdesenvolvidos', para além de que da sua aplicação nada resultaria de positivo: "apesar de haver gente rica, e até muito rica, nesses países, tal aspiração [a aspiração dos países 'subdesenvolvidos' à alta do nível de vida das suas populações] nem de longe pode satisfazer-se através da simples redistribuição do rendimento", como escreve o Prof. Teixeira Ribeiro.[12]

Salientam uns autores que a parte do estado na despesa nacional representa uma pequena parcela do rendimento nacional, insuficiente para constituir um fluxo razoável de transferências de uma categoria social para outra. Apontam outros que a lógica da redistribuição atua no sentido de diminuir a poupança das classes de rendimentos elevados e de quebrar os incentivos ao investimento, dado o grande peso dos impostos progressivos sobre o rendimento, que afetam as margens elevadas de lucro julgadas necessárias para estimular o desenvolvimento.

Dentro das mesmas coordenadas ideológicas, não falta quem ponha em dúvida a validade desta ideia de que a redistribuição do rendimento é uma política paralisante do desenvolvimento. Vittorio Marrama, no entanto, esforça-se por demonstrar que assim não é.[13] Com efeito, segundo este autor – especialista em Economia do Desenvolvimento –, as informações disponíveis em matéria de formação de capital nos países subdesenvolvidos indicam que grande parte dos investimentos é de caráter improdutivo: para a América Latina, a percentagem de investimentos improdutivos é da ordem dos 50% e mais.

Em tais circunstâncias, é evidente – conclui Marrama – que a queda dos investimentos como consequência de uma redução da poupança não é, por si só, um fenómeno preocupante. Na medida em que os investimentos que desapareçam sejam os improdutivos, o desenvolvimento económico em nada será afetado.

Marrama acrescenta ainda outra consideração, tendente a demonstrar que a política de redistribuição do rendimento, mesmo nos países subdesenvolvidos, é "adequada a acelerar grandemente o desenvolvimento do capital", para utilizarmos palavras de Keynes. Na verdade – defende Marrama –, o aumento do consumo resultante da

---

[12] *Capitalismo e Socialismo em um mundo só* [separata do *Boletim de Ciências Económicas*, Coimbra, 1961], 9.
[13] Cfr. "Riflessioni sullo sviluppo economico dei paesi arretrati e, in particolare, sugli effetti di una redistribuzione del reddito", em *Giornale degli Economisti e Annali di Economia*, 1952, 39ss.

redistribuição do rendimento apresenta, nos países subdesenvolvidos, uma caraterística particular: pode equiparar-se a um *investimento em capital humano*. Onde o nível dos consumos correntes se mantém no mínimo de subsistência, com a presença do fenómeno da subalimentação, um aumento do consumo transforma-se em maiores energias, que têm, no processo produtivo, o mesmo efeito benéfico de uma capitalização crescente em bens instrumentais.

A verdade, porém, é que estas considerações não convencem as classes dominantes dos 'países subdesenvolvidos', cujo interesse principal é conservar a própria riqueza e privilégios. Por isso, no domínio que agora nos interessa, se praticam sistemas fiscais de índole regressiva (dado o peso enorme dos impostos indiretos) e se provoca com frequência a inflação, processo cujos efeitos redistributivos atuam em benefício dos homens de negócios e dos especuladores, à custa dos trabalhadores e dos outros estratos da população que auferam rendimentos fixos. Como escreve o Prof. Élias Gannagé, "a poupança forçada [inerente à inflação] é o resultado de uma luta entre grupos sociais, em que cada grupo procura obter em seu proveito uma parcela de consumo do produto total maior do que aquela que os outros grupos estão dispostos a consentir-lhe. Serão atingidos pela poupança forçada aqueles que, em consequência da alta dos preços, sofrem uma redução do seu rendimento real (poder de compra), sendo obrigados a reduzir o seu consumo. Estes são os grupos mais fracos e menos favorecidos."[14]

À luz de tais considerações, compreende-se bem a justeza desta conclusão do Relatório de um grupo das Nações Unidas (*Measures for Economic Development of Underdeveloped Countries*, maio de 1951): não pode haver progresso económico rápido sem "a criação de uma sociedade da qual tenham sido eliminados os privilégios económicos, políticos e sociais."

Colocada a questão nestes termos, já se vê como é falsa esta alternativa proposta pelos economistas burgueses, e que Élias Gannagé, ao estudar as possibilidades da política de redistribuição do rendimento nos 'países subdesenvolvidos', apresenta deste modo: "A escolha põe-se entre, por um lado, o financiamento dos planos de desenvolvimento económico à custa de uma repartição muito desigual do rendimento, marcada pelo enriquecimento de uma minoria da população, e, por outro lado, o de uma expansão dos esquemas sociais, com o risco de se manter o país durante muito tempo numa relativa pobreza."[15]

---

[14] *Financement du Développement*, Paris, PUF, Col. SUP, 1969.

[15] "Un exemple de redistribution des revenus dans un pays insuffisamment développé: le Liban", em *Revue de Science et de Législation Financière*, 1955, 729.

Ora, ninguém desconhece que estão hoje suficientemente provados sistemas de acumulação de capital e de desenvolvimento que não exigem o sacrifício da maioria em prol do enriquecimento de uma minoria da população (que pode até, como é natural e se comprova na prática, utilizar a sua riqueza – como se diz acima, seguindo a lição de V. Marrama – na manutenção de um nível de vida faustoso, na especulação e em investimentos improdutivos). Citamos mais uma vez a referida conferência do Prof. Teixeira Ribeiro no Instituto de Altos Estudos Militares: o esquema de acumulação do primitivo capitalismo industrial (que Élias Gannagé e os autores de idêntica inspiração ideológica propõem aos 'países subdesenvolvidos'), esse esquema "restringiu, e ao máximo, os consumos das classes trabalhadoras para aumentar os investimentos, só com a diferença de ter respeitado os consumos das outras classes, enquanto o socialismo os eliminou, o que, para o mesmo nível de rendimento, se traduz em maior formação de capitais".[16] E em maior justiça.

A *escolha* não é, portanto, a que propõe Gannagé. A escolha fundamental é outra, como é evidente.

8. As declarações de Tinbergen ao *Jornal do Fundão* estenderam-se a vários assuntos (integração europeia, *desafio americano*, sistema monetário internacional, universidade, subdesenvolvimento). Deixaremos apenas um apontamento acerca deste último ponto.

Este laureado com o Prémio Nobel de Economia é de opinião que a situação dos 'países subdesenvolvidos' "não mudará enquanto os dirigentes dos dois grupos de países não mudarem a sua política".

Quais são esses *dois grupos de países*? Naturalmente, *países desenvolvidos* e *países subdesenvolvidos*. Simplesmente, esta simples dicotomia nada diz, independentemente da sua explicação. Ora, a verdade é que a atual divisão do mundo em nações industrializadas e nações 'subdesenvolvidas' não é o resultado de uma fatalidade da natureza, de uma desigual repartição dos recursos naturais ou de uma maior ou menor densidade populacional – essa dramática divisão do mundo explica-se por razões históricas e sociais.

Por isso, para uma análise correta do 'subdesenvolvimento', não pode admitir-se, simplesmente, que uns países sejam desenvolvidos e outros sejam (ainda) subdesenvolvidos. Nem basta a simples decisão dos *dirigentes* no sentido de mudar a *sua* política ("os países subdesenvolvidos não poderão avançar enquanto os países desenvolvidos

---

[16] *Ob. cit.*, 15.

não cumprirem a sua obrigação, isto é, enquanto não liberalizarem as suas importações e aumentarem as suas contribuições financeiras" – diz Tinbergen, dando um exemplo da mudança de política que ele pretende necessária para se alterar a situação dos 'países subdesenvolvidos').[17]

9. Aqui fica, pois o auto-retrato de Jan Tinbergen, Prémio Nobel, "homem simples, modesto" (nas palavras do entrevistador); "europeu convicto", que pensa que "um esforço de aproximação entre as grandes empresas (europeias) quer sob a forma de fusão, quer sob outras formas de colaboração, é um bom caminho para a resposta adequada ao desafio americano"; "socialista de puro sangue", que defende a "criação intensiva de gigantescas unidades capitalistas", para utilizarmos mais uma vez as palavras do entrevistador.

A. A.
(*Vértice*, julho/1970)

---

[17] Ocorre-nos referir aqui, por nos parecer perfeitamente aplicável à referida posição de Tinbergen, este comentário do Prof. Henri Denis, à teoria de Rostow, acima aludida (cfr. tb. *Vértice*, n.º 314, 233): tal teoria "parece ser uma tentativa nova com vista a negar a realidade da política imperialista das nações ocidentais avançadas e a dissimular as consequências desastrosas dessa política" (*Histoire de la Pensée Économique*, Paris, PUF, Col. Thémis, 2ª ed., 1967, 769).

O essencial do socialismo[18]

Por certo muitos leitores se recordarão de uma entrevista publicada nestas colunas há já alguns meses e na qual reproduzi o essencial de uma longa conversa com o Prof. Jan Tinbergen.

Nessa altura, e pela primeira vez, fora atribuído o Prémio Nobel da Economia, galardão que Tinbergen compartilhou com o escandinavo Frish. Pareceu-nos, pois, interessante, então, trazer aos leitores do Jornal do Fundão, felizmente em boa parte suficientemente preparados e esclarecidos para se interessarem por problemas desta espécie, uma série de confidências capazes de dar a conhecer a linha de pensamento de um dos maiores economistas do nosso tempo. Dessa entrevista muitos dos colegas deste jornal aproveitaram alguns partes e transcreveram-nas, enquanto que os especialistas, segundo nos foi dado saber, igualmente lhe devotaram bastante atenção. Já mais tarde apareceu na conceituada revista Vértice um laborioso estudo, infelizmente laconicamente assinado por A. A., que é uma crítica profunda às ideias de Tinbergen. Trabalho interessantíssimo, em que, se bem que as opções do autor sejam marcadamente opostas às do economista holandês, nem por isso deixam de ser menos valiosas e de ser credoras de toda a compreensão e respeito. E de tal maneira o compreendemos assim que achámos dever levar ao nosso entrevistado, em nova ocasião que tivemos de pessoalmente o contactar, o artigo da Vértice devidamente traduzido para que ele respondesse se achasse ser caso disso. Foi realmente o que sucedeu, pois foi Tinbergen quem pelo seu pulso escreveu o artigo "O essencial do Socialismo" que aqui se publica e onde ele responde a "A. A.", clarificando ideias que já anteriormente nos haviam sido expostas.

Com Tinbergen a responder às críticas que lhe são formuladas, pela nossa parte não nos resta mais que retorquir a algumas observações do colaborador da Vértice e que dizem respeito à descrição que fizemos da sua personalidade. Em realidade, quando frisámos a sua maneira de ser simples e a sua austera forma de viver foi porque entendemos que são predicados sempre de louvar num homem que, investigador, mestre ou Prémio Nobel, consegue manter-se na mesma linha de cativante modéstia e de coerência com as suas ideias (o dinheiro que lhe foi atribuído pelo Prémio Nobel doou-o a instituições que se ocupam do progresso nos países subdesenvolvidos).

---

[18] Texto de Jan Tinbergen publicado no *Jornal do Fundão*, nº 1266 (18.4.1971), sob a epígrafe: *TINBERGEN responde à* Vértice.

Aceitamos que A. A. não esteja de acordo connosco e respeitamos a sua opinião. De qualquer forma o importante é dialogar seriamente, com base no maior respeito que nos devemos uns aos outros. Desta vez o diálogo foi retomado um pouco tarde no tempo mas esperamos que todos concordem que nunca é demasiado tarde para bem fazer.

M. F. PEREIRA RAMOS

Resposta do Prof. Jan Tinbergen:

Na revista *Vértice* (XXX, 1970, nº 318, págs. 485-494), o Sr. A. A. faz alguns comentários sobre o essencial do socialismo. Para ele, a maior parte das minhas ideias não justificam que, numa entrevista publicada no *Jornal do Fundão*, o Dr. M. F. Pereira Ramos me anuncie como um "socialista puro sangue". É evidente que o Sr. A. A. tem todo o direito de seguir a sua definição de socialismo, quer dizer, um sistema sem a propriedade privada dos meios de produção das empresas (salvo aquelas sem empregados). Pela minha parte não adiro a esta definição estrita. Para mim é socialista todo o sistema onde a comunidade é responsável pelo bem-estar de todos os seus membros utilizando os meios mais eficazes para maximar esse bem-estar. Admito, contudo, que a definição de bem-estar constitua uma questão importante, à qual, de resto, já me referi numa das minhas obras.[19]

Em minha opinião, o sistema ocidental actual não é capitalista como o era em 1850. O sistema presente é misto com numerosos elementos socialistas. A propriedade privada de hoje só representa uma fracção da liberdade de acção característica da propriedade privada de 1850. Para encurtar caminhos, aconselho o leitor interessado pelo assunto a consultar uma obra recente de Karlsson.[20]

Além de um sector público importante onde se fazem cerca de uma quarta parte dos investimentos, existe ainda nas economias ocidentais uma planificação bastante profunda embora seja indicativa. Diz o Sr. A. A. que esta planificação se faz em proveito das grandes empresas. Isso é apenas uma meia verdade e, portanto, uma afirmação que constitui uma distorção da realidade. Para completar a imagem é necessário, antes de mais, lembrar o interesse comunitário dos impostos cobrados às grandes empresas, ter em conta em seguida que a produção só é rentável quando satisfaz a procura dos consumidores e, finalmente, não esquecer que a planificação não é feita unicamente

---

[19] J. TINBERGEN, *The Theory of the Optimum Regime,* Selected Papers, Amsterdam, 1959, 264.
[20] Gunnar Adler KARLSSON, *Functional Socialism*, Stockholm, 1969.

pelas grandes empresas. Os sindicatos operários têm uma influência considerável na gestão geral da economia, que se manifesta através do conteúdo do plano.

Estou totalmente de acordo com o Sr. A. A. quando ele diz que a distribuição do rendimento nos países ocidentais continua a não ser satisfatória, não somente no interior de cada país mas muito mais ainda entre as diversas nações. É precisamente como socialista (aliás, democrata) que considero como excepcionalmente importante uma distribuição muito mais equitativa do que aquela que hoje conhecemos, e mesmo mais ainda do que a que existe nos países da Europa Ocidental. Não acredito de maneira nenhuma que a simples nacionalização das empresas nos possa servir de muito para resolver este problema.

Não devemos contudo esquecer que já actualmente a percentagem do rendimento nacional que recebe o factor capital é muito menor do que no passado. Na Inglaterra, esta percentagem, que era de 36% durante o período de 1910-1914, passou para 18% em 1960-63.[21]

Se tomarmos os rendimentos após dedução dos impostos, verificaremos que a evolução foi até bastante melhor; e se formos mais longe e estimarmos as vantagens recebidas pelos membros dos distintos grupos da população como resultado das actividades do Estado, então a parte do rendimento nacional recebida pelos capitalistas é ainda menor que a indicada por Feinstein ou outros autores.

É no entanto uma verdade que a distribuição pessoal não melhorou da mesma maneira. A melhoria desta distribuição só se faz lentamente, embora de maneira bastante clara. Uma vez que, nos países mais evoluídos do Ocidente, as três quartas partes ou os 80 por cento da desigualdade do rendimento se produzem nos rendimentos do factor trabalho", o problema mais importante não é evidentemente a nacionalização das empresas, mas sim encontrar medidas capazes de introduzir uma maior igualdade entre os trabalhadores (directores, intelectuais etc.) e os trabalhadores não-qualificados. Admito igualmente que os métodos utilizados até agora não deram muito resultado. O mesmo é dizer que a segurança social e os impostos aplicados até ao momento, bem como a política salarial, não nos ajudam muito a reduzir essas desigualdades. Eis-nos, assim, chegados aos pontos cruciais.

As medidas mais eficazes são, quanto a mim, as de educação e de treino. Trata-se de "transformar" um número considerável de

---

[21] Ver. C. H. Feinstein, *National Income and Expenditure, 1870-1963*, Reprint Series, nº 255, Department of Applied Economics, University of Cambridge, 1964.

trabalhadores não-qualificados em trabalhadores mais qualificados ao longo de uma escala de salários. Por outras palavras, trata-se de aplicar medidas massivas de educação e de treino, de maneira a reduzir a oferta dos não-qualificados e aumentar a oferta dos qualificados e assim ajustar a distribuição da oferta à da procura que é exercida, naturalmente, pelos organizadores da produção.[22] Espero elaborar este princípio muito mais detalhadamente noutro sítio, limitando-me aqui a aconselhar o leitor a ler os artigos já publicados.

A par destas medidas, creio que outros impostos diferentes dos aplicados na maior parte dos países podem também contribuir consideravelmente para a redução da desigualdade dos rendimentos. Em certos países estes impostos já existem mas eles são ainda demasiado fracos, enquanto noutros apenas começam a aparecer. Os impostos sobre os lucros da especulação e sobre a fortuna já hoje se aplicam, mas é ainda reduzido o número de países onde eles são realmente importantes. Um tipo de imposto que se poderia conceber seria, por exemplo, um que se aplicasse à capacidade pessoal para produzir, mas não creio que valha a pena adiantar mais antes que se façam mais investigações sobre as suas possíveis modalidades.

Para terminar, gostaria de colocar as minhas observações num plano mais amplo já em parte elaborado[23] e presentemente a ser por mim estudado com maior detalhe. Eis algumas teses:

I) A ideia do socialismo já existia antes de Marx.

II) Marx quis formular um socialismo científico e foi ele que colocou no centro das suas teorias a propriedade dos meios de produção.

III) O que foi científico em 1818-1883 não o é necessariamente hoje.

IV) É essencial para a Ciência que ela se adapte às novas descobertas e aos novos raciocínios, quer dizer, a Ciência deve estar em constante revisão. Para se ser científico é preciso ser o próprio a pensar, como disse Khrouchtchev em Bucareste e como sugeriu Marx (numa carta ao seu genro Lafargue), ao escrever que ele não se considerava marxista.

V) As atitudes doutrinárias não ajudam em nada o ideal do socialismo; em minha opinião, a ideia de que o objectivo do socialismo consiste em conseguir a propriedade pública de todos os meios de

---

[22] Ver, por exemplo, J. TINBERGEN, *On the Theory of Income Distribution*, Selected Papers, Amsterdam, 1959, 243 e "A Positive and a Normative Theory of Income Distribution", em *The Review of Income and Wealth*, 16 (1970), 221.

[23] J. TINBERGEN, *Some Thoughts on Mature Socialism*, a publicar em New Dehli (Jawaharlal Nehru Memorial Fund), 1970.

produção é um exemplo típico de uma atitude doutrinária. Na teoria de Marx ela era um meio e nunca um fim.

VI) Já são conhecidos hoje outros meios para reduzir as desigualdades.

Jan Tinbergen

Resposta a Tinbergen sobre o essencial do capitalismo e do socialismo[24]

No nº 318 (julho/1970) publicou a *Vértice* uma nota de minha autoria, em que se comentavam alguns pontos de vista expressos pelo Prof. Jan Tinbergen, Prémio Nobel da Economia (1969), em entrevista concedida ao Dr. M. F. Pereira Ramos (quadro da Philips na Holanda) e publicada no *Jornal do Fundão* (7.12.1969).

Tendo tido conhecimento desse meu escrito, entendeu o Dr. Pereira Ramos dever comunicar o seu teor ao Prof. Tinbergen "para que ele respondesse se achasse ser caso disso." Acontece que Tinbergen resolveu mesmo responder, atitude que demonstra uma humildade científica que me apraz registar e apontar como exemplo. E respondeu em termos reveladores de interesse pelas questões em debate, que não em tom polémico (não considero como *polémicas* as afirmações de que "para ser-se científico é preciso ser o próprio a pensar" e de que "as atitudes doutrinárias não ajudam em nada o ideal do socialismo", pois tais afirmações, na sua verdade, aplicam-se ao próprio Tinbergen, que não iria, por certo, polemizar consigo próprio).

A resposta de Tinbergen, sob o título "O essencial do socialismo", foi publicada no *Jornal do Fundão* de 18.4.1971. Deste texto só vim a ter conhecimento uns meses depois e só agora, passado já bastante tempo sobre a sua publicação, me é possível comentá-lo, confiado em "que todos concordem que nunca é demasiado tarde para bem fazer", para usar as palavras do Dr. Pereira Ramos, na nota que acompanha o texto de Tinbergen.

Começarei por declarar que o meu comentário pretende manter-se dentro de um clima de diálogo que não visa esclarecer nem convencer Jan Tinbergen (ao qual, estou certo disso, não irei dizer nada

---

[24] O texto que segue é a minha resposta a Jan Tinbergen, reproduzindo, com ligeiras alterações de redação e a atualização da ortografia, sem em nada se alterar o seu tom ou a sua orientação, os artigos saídos em *Vértice*, nºs 334-335 (nov.-dez./1971) e 336-337 (jan.-fev./1972).

de novo, nada que ele não conheça muito melhor do que eu), mas pretende muito simplesmente – e oxalá o consiga – ser útil aos leitores de *Vértice*, no esforço de clarificação ideológica em que estarão empenhados. Deste propósito resulta o modo e o tom em que vai escrito.

1. As boas intenções

Ao Dr. Pereira Ramos responderei apenas com duas notas.

Em primeiro lugar, não compreendo o seu lamento (e muito menos compreenderia se se tratasse de recriminação, hipótese que afasto, até para não perturbar o clima de diálogo, pois "o importante – como salienta o Dr. P. R. – é dialogar seriamente") de que o meu texto inicial aparecesse "infelizmente laconicamente assinado por A. A.". O seu mérito ou o seu demérito não se alteraria se, em vez de A. A., tivesse vindo assinado por António Avelãs, personagem tão desconhecida e tão pouco ilustre como "o Sr. A. A.".

Em segundo lugar, desejo esclarecer que as minhas considerações não visaram as qualidades do Prof. Tinbergen (a quem não me custa considerar, com o Dr. P. R., "um dos maiores economistas do nosso tempo"), qualidades que, no plano pessoal, muito admiro e respeito. Honra seja a Tinbergen porque é um homem simples e modesto e um trabalhador infatigável, e um professor universitário que não vê na realização de fortuna pessoal o principal objetivo do seu labor.

Simplesmente, posso é pôr em dúvida que o Prémio Nobel lhe tenha sido atribuído apenas por Tinbergen ser "um dos maiores economistas do nosso tempo". Ora, esta é uma dúvida que não atinge o premiado nem os seus méritos, antes põe em causa o 'critério', o 'jogo', as 'intenções' que presidem à atribuição dos Prémios Nobel. Esta é, porém, outra história...

Depois, sem pôr em causa as boas intenções de quem quer que seja, penso ser legítimo que eu negue validade a certas condutas por as julgar inadequadas à obtenção dos objetivos que se afirma pretender alcançar. Sou sensível à miséria do meu semelhante, "não me parece justo – como o não parece a Tinbergen – que enquanto há gente que morre de fome outras pessoas gozem de uma riqueza excessiva." Dói-me muito ver crianças rotas, cheias de frio, esfomeadas, a pedir esmola. Mas tenho a consciência de que não é pelo facto de eu dar esmola a essas crianças ou de pôr à disposição dos pobres os meus excedentes – que não é por esse facto que deixa de haver gente que morre de fome e gente que goza de riqueza excessiva. Por isso penso que o problema dos chamados 'países subdesenvolvidos' não se resolve, nem sequer diminui na sua gravidade, pelo facto de Tinbergen fazer voluntariamente restringir o consumo, não adquirindo tudo aquilo que poderia adquirir, para entregar uma certa percentagem do seu salário a uma instituição destinada a financiar projetos de ajuda aos países subdesenvolvidos (instituição à qual, segundo o Dr. Pereira Ramos, Tinbergen doou o dinheiro do Prémio Nobel).

Admiro Tinbergen porque, podendo ser rico – e até muito rico – entende que o enriquecimento individual não é valor a que valha a pena dedicar a vida. Simplesmente, o drama dos 'países subdesenvolvidos' continua de pé, esse *escândalo do nosso tempo*. É que, como escrevia no meu primeiro texto, "a justiça não se conquista à custa de bons sentimentos." As boas obras nunca enriqueceram os miseráveis. Os sistemas é que contam, não o bom coração dos homens. Ocorre-me lembrar aqui, pela sabedoria que encerra, um velho provérbio chinês que muito aprecio: "Se vires um homem com fome à beira de um rio, não lhe dês peixe, ensina-o a pescar."

Ora os 'países subdesenvolvidos' são *economias dominadas*, na órbita das relações capitalistas internacionais: os seus problemas só se resolverão quando conseguirem deixar de ser objetos e vítimas das relações de domínio e exploração que têm condicionado o seu desenvolvimento. E para tal conseguirem não poderão ficar à espera que se cumpra o voto de Tinbergen, isto é, *que os países desenvolvidos cumpram a sua obrigação*, liberalizando as suas importações e aumentando as suas contribuições financeiras. É que o problema não pode remeter-se a uma espécie de *moral internacional*: *que cada país cumpra as suas obrigações...* O sistema capitalista tem uma lógica interna e não se concebe que por vontade própria das classes dominantes a prática contrarie aquela lógica e os interesses que lhe são inerentes.

É certo que não têm faltado políticas de 'auxílio aos países subdesenvolvidos', pois "a necessidade histórica do desenvolvimento económico dos países atrasados" – como refere um professor da Universidade de Coimbra[25] – a isso compeliu os países capitalistas.

Simplesmente – como salienta o mesmo professor –, a verdade é que "o capitalismo acode a prestá-lo [o auxílio aos países pobres] em sua defesa, em defesa do seu sistema e dos seus valores, perante a ameaça de esses países optarem pelo sistema socialista, que se lhes mostra capaz de promover o rápido desenvolvimento económico." Ora, exatamente porque esse 'auxílio' dos países capitalistas atua – e

---

[25] Cfr. J. J. Teixeira Ribeiro, *Capitalismo e socialismo em um mundo só* (Conferência feita no Instituto de Altos Estudos Militares em 15.6.1960), separata do vol. VIII do *Boletim de Ciências Económicas*, 17.

não poderia deixar de atuar, sob pena de contradição insanável, que seria uma espécie de 'suicídio'... – em *sua defesa, em defesa do seu sistema e dos seus valores*,[26] exatamente por ser assim é que os resultados não têm sido – nem poderão ser – os que interessam aos países de *economia dominada* dentro dos quadros do capitalismo.

Por isso se compreende que Averell Harriman, referindo-se ao 'auxílio' americano aos países subdesenvolvidos, tenha dito um dia que ele "é um fundo de auxílio aos Estados Unidos." Por isso se compreende também que a *Aliança para o Progresso* tenha ficado conhecida como *Aliança contra o Progresso*, e que se fale de *Decénio da Decepção* a respeito do Primeiro Decénio das Nações Unidas para o Desenvolvimento. Por isso se compreende que, na II Conferência das Nações Unidas sobre o Comércio e Desenvolvimento (Nova Dehli), um dos delegados presentes pudesse concluir que "o caminho para sair do subdesenvolvimento é o da revolução", do mesmo modo se compreendendo que, já em 1965, Josué de Castro escrevesse que "o povo já não acredita no desenvolvimento graças à ajuda [por parte dos países capitalistas desenvolvidos], só acredita na revolução, uma revolução que pode ter cores diversas."[27]

Por isso me parece legítimo concluir, a respeito da atitude dos países capitalistas industrializados relativamente ao 'subdesenvolvimento', nos termos em que o fiz já em número anterior de *Vértice*, que aqui transcrevo por comodidade: "os vários países têm procurado realizar, através dos programas de 'auxílio', objetivos estratégicos muitas vezes alheios aos problemas autênticos do desenvolvimento. O 'auxílio aos países subdesenvolvidos' tem-se revelado, afinal, um fator de domínio, pois os objetivos últimos e reais de tal auxílio podem reduzir-se à tentativa de domínio mundial, de defesa de uma cultura ou de uma moeda, conquista de novos campos de investimento ou de mercados, à manutenção do aprovisionamento em petróleo ou em várias outras matérias-primas estratégicas, etc. E fator de domínio que tem tido, além do mais, a consequência de aumentar enormemente a dívida externa dos países do 'Terceiro Mundo', que assim veem aumentar, também por esta via, a sua vulnerabilidade e dependência."[28]

---

[26] Nas palavras de Maurice GUERNIER, "é essencialmente o aspecto 'subvenção à própria indústria' que orienta a maioria dos países doadores" (*La dernière chance du Tiers-Monde*, Paris, 1968, 122).

[27] Artigo publicado na revista *Esprit*, julho/agosto/1965.

[28] "O caminho para sair do subdesenvolvimento...", em *Vértice*, nº 314, março de 1970, 232, nota onde procurei documentar a afirmação transcrita no texto. Recentemente (fins de outubro p.p.), foi o próprio Senado norte-americano a recusar a aprovação do programa de 'auxílio' ao estrangeiro, proposto pelo Governo de Nixon, num total de mais de 3 biliões de dólares, dos quais 60% seriam directamente destinados a auxílio militar ou à segurança. Justificando a decisão, o sena-

A consciência cada vez mais funda deste fenómeno é que poderá explicar "as frustrações crescentes no hemisfério Ocidental", que, nos termos de um Relatório de Nelson Rockfeller apresentado ao presidente Nixon, "levaram um número cada vez maior de pessoas (...) a procurar soluções marxistas para os problemas sócio-económicos", consciência que significará, portanto, o progressivo reconhecimento da verdade contida na conhecida frase do célebre *Manifesto* de 1848: "Aboli a exploração do homem pelo homem e tereis abolido a exploração de uma nação por outra nação."

2. Uma grande tragédia humana?

Deste modo entrei já em comentários às concepções defendidas por Tinbergen. Não vejo, efetivamente, como é que o seu ideal de socialismo, caraterizado pela busca do máximo bem-estar para todos, possa realizar-se nas *economias dominadas* do chamado Terceiro Mundo, pelos meios que propõe. Os países de *economia dominada* não poderão estar à espera que os países capitalistas dominantes *cumpram a sua obrigação* ou se deixem dominar por sentimentos de *compaixão* que os levem a realizar, *voluntariamente,* uma *redistribuição mais justa e equilibrada do rendimento a nível internacional,* redistribuição a operar, segundo Tinbergen, "através de um adequado sistema de impostos, pela segurança social e pela educação." Na nota de julho/1970, a que Tinbergen respondeu, penso que terei deixado dito o suficiente para justificar a minha ideia de que, dentro das estruturas internas e externas em que se move a economia dos 'países subdesenvolvidos', não terá o mínimo de viabilidade a chamada *política de redistribuição do rendimento.* E é claro que não serão de esperar quaisquer efeitos semelhantes como resultado da atuação dos países de economia dominante. Estes, como ficou dito, *agem em sua defesa, em defesa do seu sistema e dos seus valores.*

Tinbergen, é certo, aponta o exemplo de alguns países asiáticos (Coreia, Tailândia, Filipinas – todos sujeitos ao domínio americano) para justificar perspetivas animadoras, pois as suas taxas de desenvolvimento (7% e 8%) parecem "provar que é possível proceder a um desenvolvimento acelerado dos países atrasados." Ora a verdade é que esta prova já estava feita há muito. "O socialismo (...) – escreveu o Prof. Teixeira Ribeiro[29] – já deu as suas provas, sem dúvida,

---

dor William Fullbright, presidente da Comissão de Negócios Estrangeiros do Senado, declarou abertamente: "O nosso programa de auxílio foi um instrumento importante da guerra fria e um veículo para o nosso imperialismo."

[29] *Ob. cit.,*. 9 e 14.

como técnica poderosa de desenvolvimento de países atrasados." "A União Soviética, na verdade – continua o mesmo autor –, mostrou ser possível a um país atrasado desenvolver-se rapidamente, graças quase só ao trabalho e organização com que soube aproveitar os recursos da sua natureza. (...) Acresce que ao exemplo da União Soviética veio juntar-se há poucos anos o exemplo da China, com o seu espetaculoso ritmo de desenvolvimento."

Estes exemplos e as "frustrações crescentes no hemisfério ocidental" a que se referia Rockfeller é que justificarão o receio deste de que para os "problemas sócio-económicos" se venham a encontrar a "soluções marxistas": "De momento – concluía Rockfeller no Relatório que elaborou depois de uma viagem de estudo como enviado especial de Nixon – há apenas um Castro entre as vinte e seis nações do hemisfério; mas poderá haver vários no futuro."

Já se vê como, apesar dos exemplos apontados por Tinbergen, nem todos os defensores do capitalismo alimentam perspetivas animadoras (do seu ponto de vista, é claro), quanto à questão de saber se as soluções para o subdesenvolvimento virão a (ou poderão) encontrar-se dentro dos quadros do sistema que defendem. E este temor dos políticos pertencentes às classes dominantes não deixa de encontrar eco entre os ideólogos economistas. O economista americano Richard T. Gill termina assim um livro seu de *Introdução ao Desenvolvimento Económico*: "A China, com muito menos ajuda [que a Índia], tem conseguido aumentar a sua capacidade industrial mais do que a Índia, e, se conseguir superar as dificuldades crescentes, pode muito bem continuar a aumentar esta diferença no futuro. Isto significa que poderia haver uma grande tragédia humana se, através de uma falta de visão ou de compaixão, as nações pobres do mundo tivessem de decidir que, apesar dos custos incomportáveis, o método chinês teria de ser seguido."[30]

3. Um estrondoso fracasso

Falei acima da *política de redistribuição do rendimento*, ponto sobre o qual tinha feito algumas considerações na primeira nota (março de 1970), e ao qual Tinbergen dedica uma parte importante da sua resposta. Começa por declarar que está totalmente de acordo com a demonstração que eu tinha tentado fazer de que a distribuição do rendimento nos países ocidentais continua a não ser satisfatória, quer no

---

[30] Tradução portuguesa, Lisboa, Livraria Clássica Editora, s.d., 221.

interior de cada país quer entre as diversas nações, admitindo "que os métodos utilizados até agora [a segurança social e os impostos aplicados até ao momento, bem como a política salarial] não deram muito resultado" no que se refere à redução das desigualdades.

Tinbergen continua, porém, a acreditar que o 'socialismo', tal como ele o entende, poderá alcançar-se através da referida política de redistribuição, aperfeiçoando os seus métodos, designadamente ampliando o campo de ação dos impostos sobre os lucros da especulação e sobre a fortuna e propondo um novo tipo de imposto, a que chama *imposto sobre a capacidade pessoal para produzir*. Tinbergen não acredita que a nacionalização das empresas possa ajudar em alguma coisa a resolver o problema da desigualdade. As medidas mais eficazes são, no seu entender, as de *educação* e de *treino*: "trata-se de 'transformar' um número considerável de trabalhadores não-qualificados em trabalhadores mais qualificados ao longo de uma escala de salários."

Estamos, como se vê, perante um progrma reformista, de cariz tecnocrático, com certas hipóteses de efetivação nos países de tecnologia mais avançada,[31] graças ao desenvolvimento das forças produtivas, mas que em nada altera as relações de produção, continuando a existir, de um lado, os detentores do capital e, do outro lado, os trabalhadores assalariados, agora porventura colocados mais acima na escala de salários.

Além disso, a verdade é que as estatísticas e os fenómenos que elas traduzem parece não darem grande conforto à tese de Tinbergen. De acordo com a revista *Fortune*, porta-voz insuspeito do *Big Business* americano, o assalariado da indústria nos EUA (país capitalista com mais alto nível de rendimentos e com tecnologia mais avançada) auferia em 1969 um salário real inferior ao que recebia em 1960 (87, 21 dólares por semana contra 88, 06, em dólares com o poder de compra constante de 1957-1959).[32] Estes os resultados ao fim de quase uma década de prosperidade contínua, em que os lucros do capital quase duplicaram.

Do que não há dúvida é que a política de redistribuição tem sido um fracasso, reconhecido ao mais alto nível. Ainda recentemente, em

---

[31] Não se esqueça, porém, que a 'promoção' da mão-de-obra que tem sido efetuada nos países industrializados da Europa capitalista não significará que fiquem por ocupar os postos mais baixos da escala de salários: só que passam a ser ocupados por trabalhadores imigrantes, desde os argelinos aos gregos e desde os espanhóis e italianos aos portugueses. As estatísticas da emigração da década de 1960 aí estão suficientemente claras para que possam ignorar-se. E os acordos estabelecidos entre os governos dos países que importam mão-de-obra e os dos países exportadores desta 'mercadoria' abundam no mesmo sentido.

[32] Número de out/1969, 17, *apud* Eric GAUMENT, *Le mythe américain*, trad. port., Lisboa, Estampa, 1971, 9.

mensagem dirigida ao Congresso, Nixon proclamava que "o nosso [americano] sistema atual de redistribuição social constitui um estrondoso fracasso, quer seja encarado sob o ângulo do sofrimento dos próprios pobres, quer sob o fardo cada vez mais pesado que ele faz recair sobre o contribuinte."

E penso que este fracasso, sucessivamente reconhecido, significará que, em último termo, nem sequer o seu objetivo igualitarista poderá atingir-se algum dia. É que a lógica da redistribuição implica a saúde económica do capitalismo e o capitalismo não poderá deixar de ser, como muito bem anotou Schumpeter, *a civilização da desigualdade*.

4. As razões do fracasso ou a lógica do sistema

Dizem os autores[33] que o bom funcionamento da redistribuição exige que sejam suficientemente extremadas as camadas de rendimentos elevados e as camadas de rendimentos baixos e que sejam de elevado montante os rendimentos dos estratos privilegiados. De outro modo, nos países com uma classe média numericamente preponderante, a redistribuição só poderá operar *horizontalmente* (dos solteiros em favor dos casados; dos que não têm filhos em favor dos que os têm; dos saudáveis em favor dos doentes; dos novos em favor dos velhos, etc.), não atuando – ou atuando apenas em medida insignificante – a *redistribuição vertical* (de uma camada de pessoas em benefício de outra camada, de rendimentos mais baixos). Simplesmente, a realidade político-económica parece demonstrar que a redistribuição também não acontece nos países onde se verifica o requisito aludido, precisamente porque a plutocracia dominante orienta noutro sentido a atuação do estado.

Depois, sabe-se como é difícil instituir, mesmo nos países mais evoluídos, um sistema de impostos autenticamente progressivo nos seus efeitos globais. Desde logo – como Tinbergen reconhece – não tem sido (nem será) fácil impor, na generalidade dos países, certo tipo de impostos mais 'avançados'. Sabe-se também o peso crescente que vêm adquirindo em muitos países os impostos indiretos sobre o consumo, que acabam por incidir mais gravosamente sobre os titulares de rendimentos baixos e médios (que gastam em bens de consumo todos ou quase todos os seus proventos), produzindo efeitos altamente regressivos, de sentido contrário aos desejados pela *política de redistribuição do rendimento*.

---

[33] Cfr., por exemplo, BROCHIER et TABATONI, *Économie Financière*, cit.

Por outro lado, os cálculos acerca dos efeitos da política de redistribuição são feitos em regra tomando em conta os dados referentes ao imposto sobre o rendimento, o que deixa de fora certos fatores que poderão alterar algum tanto as conclusões a extrair. É que há rendimentos que afluem às pessoas e que não são contabilizadas para efeitos de imposto, sem que exista, em tais casos, evasão fiscal ilícita. E o que se verifica é que, normalmente, a evasão legítima dificilmente poderá aproveitar aos trabalhadores assalariados, que enfileiram nos estratos populacionais com níveis de rendimento mais baixos. Algumas dessas hipóteses de evasão legítima ao imposto têm vindo a ser estudadas e apontadas pelos autores como causas que explicam a existência de diferenças efetivas de níveis de rendimento bastante mais acentuadas do que aquelas que as estatísticas dos impostos deixam antever.[34]

Os autores referem, por exemplo, a influência dos seguros de vida e das pensões de aposentação, isentos de impostos. Apontam também a prática corrente, pelo menos entre as grandes empresas, de propiciarem aos seus administradores e ao pessoal diretivo superior a possibilidade de aquisição de ações, em opção (*stock options*), a preços mais baixos que a sua cotação normal. Esta prática tem vindo a ganhar crescente importância como forma de remuneração do referido pessoal, pois permite fazer milionários em pouco tempo (vendendo as ações à cotação normal, que poderá ser o dobro ou mais do dobro do preço por que tinham sido adquiridas), libertando os ganhos assim auferidos das taxas relativamente altas dos impostos sobre rendimentos profissionais elevados, para os sujeitar ao imposto sobre os ganhos de capital, de taxas bastante mais baixas. Por outro lado, aos que ocupam os lugares de topo na administração das grandes empresas afluem ainda *rendimentos in natura* (*fringe benefits*) de avultadíssimos montantes, que escapam por inteiro à tributação pessoal. "O luxo – como escreveu Marx – faz parte das despesas de representação do capital." Ora, quem faz hoje estas despesas são as empresas (que abatem as respetivas somas à sua matéria coletável) e quem delas beneficia, inteiramente livres de impostos, são pessoas que integram os estratos de rendimentos mais elevados. E que despesas são essas? São avultadas ajudas de custo; são apartamentos arrendados em hotéis luxuosos; são casas de campo e coutadas, aviões, iates, excursões e espetáculos; são recepções caríssimas, são automóveis caríssimos, safaris em África, cartões de crédito e contas abertas em montante ilimitado – tudo

---

[34] Cfr. entre outros, C. Wright Mills, *The Power Elite*, 1956, 194-198 da trad. Bras. (*A elite do poder*, Zahar, 1962); R. M. Titmuss, *Income distribution and social change*, 1962; T. B. Bottomore, *Classes in Modern Society* (1965), trad. Bras., 34ss, e 46; P. Baran e P. Sweezy, *Monopoly Capital* (Nova York e Londres, 1966), 44/45 (trad. bras., 52/53); E. Gaument, *ob. cit.*, 29ss.

isto pago pelas empresas e isento de impostos,[35] e tudo isto pondo em causa o caráter progressivo dos sistemas tributários.

Acresce que, dado o grau de crescente monopolização dos mais importantes setores da atividade económica, as grandes empresas estão em condições de repercutir sobre o consumidor muitas das prestações fiscais ou parafiscais a que são obrigadas, bem como as subidas de salários e de outros elementos dos custos de produção. Assim o dita a lógica do capitalismo, que não pode consentir que sejam afetadas as margens de lucro, e assim o permite o crescente *poder de monopólio* das grandes empresas. Daí – além de outras causas, evidentemente – o caráter inflacionista do capitalismo atual. Todos sabemos que a inflação tem 'comido' (e continuará a 'comer') boa parte dos resultados da política em análise, pois a inflação gera uma redistribuição de sinal contrário. É a natural reação do sistema.

Penso, aliás, que é a própria lógica do capitalismo que, em último termo, ditará o insucesso da política de redistribuição, rejeitando-a como a um corpo estranho. Embora como simples hipótese de trabalho, deixo aqui a minha ideia. Para pôr de pé a sua política, o estado vai cobrar impostos de taxa progressiva, por forma a onerar mais pesadamente os titulares de rendimentos mais elevados. Com as receitas assim arrecadadas vai o estado realizar despesas que se pretende venham a traduzir-se em bens e serviços postos à disposição da comunidade, de modo a que eles beneficiem em maior medida os titulares de rendimentos mais baixos, despesas que são, fundamentalmente, as despesas que permitem escolaridade alargada e gratuita para todos, melhoria de condições de higiene, saúde e habitação. Não há dúvida de que estas despesas irão aproveitar individualmente, em maior ou menor medida, àquelas pessoas que consomem gratuitamente os respetivos bens ou serviços e, entre elas, a maioria pertencerá, porventura, a camadas de baixos rendimentos (em geral, trabalhadores assalariados).

Esses consumos irão, porém, beneficiar, por outro lado, os donos das empresas (em regra pertencentes ao escalão dos rendimentos elevados). Desde logo, porque o facto de esses consumos serem pagos com as receitas do estado permite que as classes trabalhadoras vão satisfazendo as exigências históricas da sua subsistência, variáveis de país para pais e de época para época, sem ter que aumentar corres-

---

[35] Em 1954, 37% dos Cadillacs registados em Manhattan e 20% dos registados em Filadélfia estavam em nome de empresas comerciais, cujas 'senhas de despesa' pagavam cerca de 80% das contas dos restaurantes mais caros e 30% a 40% dos bilhetes de teatro da Broadway. Em 1957, calculou-se que o montante das ajudas de custo pagas pelas grandes empresas americanas andava entre os 5 e os 10 biliões de dólares (cfr. C. WRIGHT MILLS e E. GAUMENT, *obs. 1ocs. cits.*).

pondentemente o chamado *salário direto*: parte do que os (empresários) ricos pagam de imposto poupá-lo-ão nos salários que pagam aos que trabalham nas suas empresas, que, dadas aquelas 'ajudas' do estado, podem receber salários mais baixos.

Depois, o facto de esses consumos serem gratuitos liberta um montante equivalente de rendimentos, que podem ser utilizados na compra dos bens que as empresas produzem para vender no mercado, aumentando, portanto, a procura solvável, o poder de compra efetivo das populações e, consequentemente, o volume de vendas e os lucros globais das empresas.

Finalmente, as referidas despesas do estado, realizadas no âmbito da política de redistribuição, aproveitam ainda, por outra via, aos proprietários dos meios de produção. Na verdade, essas despesas – apesar de os bens e serviços que elas propiciam serem, para quem os utiliza pessoalmente, autênticos bens de *consumo* –, são correntemente designadas nos manuais como despesas de *investimento* (*investimento em homens*, *em capital humano*), pretendendo significar-se que tais despesas vão propiciar trabalhadores mais sãos, mais fortes, mais cultos, mais sabedores, numa palavra: mão-de-obra mais qualificada, capaz de produzir mais, de dar maior 'rendimento' àqueles que, por serem titulares dos meios materiais de produção, vão contratar essa mão-de-obra assim 'beneficiada'. Sabe-se como o avanço das técnicas exige mão-de-obra cada vez mais capaz, de maior base cultural e de mais acurada preparação profissional. Por isso se proclama que os estados, para promoverem o desenvolvimento das respetivas populações, não podem descurar os setores do ensino, da saúde, da segurança social. É que tais despesas propiciam vantagens aos donos do capital, que assim acabam por 'amortizar' uma parte do que pagam a título de impostos. E de tal modo essas despesas são rentáveis que, quando a atuação do estado não satisfaz, muitas são as empresas que, embora a custos mais elevados, suportam diretamente o encargo de centros próprios de formação profissional, cantinas, centros de saúde e de recreio, bairros para o pessoal, etc.

Se for correta esta hipótese – e penso que o é –, isso significará que os limites da *política de redistribuição do rendimento* são impostos pela própria lógica do sistema, que sobrelevará a lógica, de certo modo adversa, daquela política.

De qualquer modo, parece-me que tal política nunca poderá alterar as estruturas fundamentais do sistema, significando apenas a mudança necessária para que tudo continue na mesma. Com efeito, a política de redistribuição nunca poderá solucionar – nem isso está nos seus propósitos – a diferenciação fundamental que se verifica no seio das sociedades capitalistas: a diferenciação resultante das relações de produção próprias do sistema, que se traduz no facto de uns, por serem proprietários dos meios de produção, auferirem rendimentos sem trabalho, podendo viver sem trabalhar, mediante o recurso ao trabalho assalariado, enquanto outros, por não serem titulares dos meios materiais de produção, só podem viver dos rendimentos que lhes advêm da venda da sua força de trabalho.[36]

5. A questão fundamental

E assim chegamos à questão fundamental, que é a da própria noção de socialismo e de capitalismo.

Talvez possa afirmar-se existir hoje uma aceitação bastante generalizada acerca dos elementos que essencialmente definem um sistema económico. Seguindo a lição do Prof. Teixeira Ribeiro,[37] poderá dizer-se que são três esses elementos, que a seguir se indicam por ordem da sua importância relativa: *1)* o modo de produção, a natureza das relações de produção (propriedade privada ou propriedade coletiva dos meios de produção); *2)* a forma da repartição (há rendimentos da propriedade, ou só rendimentos do trabalho, ou rendimentos repartidos a ambos os títulos?); *3)* o móbil da atividade económica (produz-se com vista à satisfação das necessidades do produtor? Para obter lucros? Para satisfazer as necessidades da comunidade?).

Dentro deste quadro, o mesmo Professor considera que o fundamental para se poder falar de socialismo é que os meios de produção pertençam à coletividade ou ao estado (propriedade social dos meios de produção); que só se distribuam rendimentos a título de trabalho; que as explorações laborem em obediência a um plano, organizado com vista à satisfação das necessidades individuais ou coletivas, objetivamente avaliadas pelos poderes públicos.[38]

Uma concepção de socialismo muito próxima da que fica enunciada é a exposta no ensaio já clássico de A. C. Pigou *Socialism versus Capitalism*.[39] Para o Professor inglês, o socialismo implica: *1)* a proprie-

---

[36] Sobre este ponto, ver, por exemplo, as lições de *Economia Política* (2º Ano, 1959, dact.) do Prof. TEIXEIRA RIBEIRO, 168.

[37] Cfr. *A nova estrutura da economia*, Coimbra, 1947, 15/16.

[38] Cfr. *ob. cit.* na nota anterior e *Capitalismo e Socialismo em um mundo só*, cit., 2.

[39] Reporto-me aqui à 2ª ed. da tradução em espanhol, Ariel, Barcelona, 1969, 7-15, com o título *Socialismo y capitalismo comparados* (a 1ª ed. inglesa é de 1937). A 1ª edição inglesa (*Socialism versus Capitalism*, Londres, MacMillan) é de 1937.

dade coletiva ou pública dos meios de produção; *2)* a eliminação da obtenção privada de lucros, no sentido da existência de homens ou grupos de homens que contratem outros homens e vendam depois o produto do trabalho destes para obterem lucros os que contratam força de trabalho alheia; *3)* planificação com vista ao bem comum, isto é, com o objetivo de beneficiar não uma classe determinada, mas sim a "comunidade como um todo".

Poderia alargar a indicação de autores e obras que apontam a propriedade social dos meios de produção como um elemento essencial para se poder falar de socialismo, incluindo, portanto, na caraterização do socialismo, aquela que foi a principal reivindicação dos autores do *Manifesto Comunista:* a "abolição da propriedade privada".[40] Mas tal não é necessário para poder afirmar que a noção do socialismo que apresentei na minha primeira nota crítica não é, evidentemente, produto da minha imaginação, antes defendo que tal concepção de socialismo se tornou uma aquisição histórica a partir das obras que lançaram as bases do *socialismo científico,* aquisição que é aceita por inúmeros autores não-socialistas e até anti-socialistas.

Não se trata, portanto, de eu ter ou não ter todo o direito de seguir *a minha* definição de socialismo, como parece resultar do texto de Tinbergen, que, entretanto, não enjeita, para si próprio, a qualificação de "socialista puro sangue".

6. Gestão leal do capitalismo

É verdade, como diz Tinbergen, que "a ideia do socialismo já existia antes de Marx." Sim, é verdade.

Existia *a ideia* de socialismo, uma *ideia-doutrina*, assente em puros princípios éticos. Marx, porém, como salienta Schumpeter, "não vertia lágrimas sentimentais sobre a beleza da ideia socialista, e é esse, aliás, um dos títulos que ele invoca para marcar a sua superioridade sobre aqueles que chamava *socialistas utópicos.*"[41] Marx abandonou o domínio da 'crença', para chegar ao socialismo através de uma rigorosa análise teórica da evolução da humanidade, tratando a teoria económica como *análise histórica* e convertendo a simples descrição

---

[40] É este o texto do Manifesto: "o que carateriza o comunismo não é a abolição da propriedade em geral, mas a abolição da propriedade burguesa. Ora, a propriedade privada de hoje, a propriedade burguesa, é a última e a mais perfeita expressão do modo de produção e de apropriação baseado em antagonismos de classes, na exploração de uns pelos outros. Neste sentido, os comunistas podem resumir a sua teoria nesta fórmula única: abolição da propriedade privada."

[41] *Capitalism, Socialism and Democracy*, Londres, 1943, 44.

histórica em *histoire raisonnée*. O socialismo deixa de ser uma atitude moral para aparecer, ao cabo da sua elaboração teórica, como uma forma de organização económica e social que se segue ao capitalismo, em resultado da dinâmica do processo histórico e da atuação inteligente e consciente da *luta de classes*. "E em mais de um sentido – conclui Schumpeter – se justifica o título que Marx reivindicava para as categorias de pensamento socialista e de vontade socialista ligadas pelo cimento da sua posição fundamental: o *Socialismo Científico*."

É verdade, pois, o que diz Tinbergen, mas só na medida em que, à maneira de Antero de Quental, se considere que o socialismo, "tão antigo como a injustiça e a opressão do pobre pelo rico, do desvalido pelo poderoso, *não é mais do que o protesto dos que sofrem contra a organização social que os faz sofrer*." Mas trata-se, então, de ver no socialismo não uma conquista histórica, uma forma histórica determinada de organização social, mas antes uma mera atitude moral, uma reação contra a injustiça, um protesto, "um grito de dor" (nas palavras de Dürkheim), quando muito um simples projeto, "um maravilhoso fantasma", verdade prégada em nome da razão e da justiça, a partir da *condenação moral* da ordem existente. E é sabido como falharam, historicamente, todos os projetos, todos os sonhos utópicos, todos os anseios 'igualitaristas', ainda os mais belos.

Ora, a concepção de socialismo que Tinbergen entende que os homens devem procurar realizar é – segundo me parece – herdeira daquela atitude sentimental do socialismo utópico, fruto da aspiração do homem a um ideal de Justiça, e do espírito de "gestão leal do capitalismo" (como lhe chamou Léon Blum), que caracteriza todo o pensamento e toda a prática reformistas, vendo no socialismo um *ideal* a alcançar progressivamente, mediante a efetivação de reformas sociais a executar no seio do (e pelo) estado burguês.[42]

Mas, afinal, que é, para Tinbergen, o socialismo? Responderei transcrevendo palavras do próprio Tinbergen: "Ser social-democrata significa para mim que as decisões respeitantes à economia e ao bem-estar da população devem ser tomadas pela comunidade, quer dizer, o estado. Não impede que certas decisões, no interesse geral, possam ser tomadas por entidades privadas." E mais à frente, na entrevista que concedeu ao Dr. Pereira Ramos, esclarece: "Para mim ele [o socialismo] significa que é necessário fazer entrar maior igualdade no sistema, tornando-o mais justo, sem que isso signifique que todos

---

[42] É este espírito de "gestão leal do capitalismo" que permitirá esclarecer o sentido crítico daquela observação que 'anda nas bocas do mundo' a respeito da prática política inglesa: "Nada há mais parecido com os trabalhistas no poder do que os conservadores na oposição."

os bens de produção devem estar sob a alçada do estado", afirmando depois que "na minha [dele, Tinbergen] opinião as indústrias que se encontram ainda numa fase de desenvolvimento dinâmico beneficiarão mais em permanecer entre mãos privadas do que entre as mãos do estado."

Finalmente, na resposta à minha primeira nota, Tinbergen sustenta que "é socialismo todo o sistema onde a comunidade é responsável pelo bem-estar de todos os seus membros utilizando os meios mais eficazes para maximizar esse bem-estar."

O que dizer desta concepção de socialismo? Ao estado cabe tomar as decisões respeitantes à economia e ao bem-estar da população... Mas qual estado? Aceita Tinbergen a ideia do *estado superpartes*? Pensa que poderá entender-se o estado como um estado-árbitro, imparcial, um estado sem ideologia, um *estado neutro*? Parece-me que não poderá hoje negar-se que o estado é (e tem sido, historicamente, e continuará a ser enquanto existir o estado como aparelho político de um "governo sobre os homens") um instrumento de domínio, um aparelho ao serviço da classe dominante. O estado é a "expressão das classes dominantes", escreve François Perroux, que não tem dúvidas em afirmar que "o estado nunca é neutro",[43] antes está ao serviço dos interesses das classes dominantes. Para se ir ao fundo do problema, terá, pois, que saber-se "qual é a classe que detém o poder". Só então se saberá que tipo de estado irá velar pelo bem-estar da população e qual será o "interesse geral" que esse estado irá prosseguir.[44] Ora, penso não trair o seu pensamento se disser que Tinbergen concebe a realização das medidas conducentes ao seu ideal de socialismo nos quadros de um estado burguês [45] – o que, aceitando a ideia de Perroux (e não só, evidentemente) de que *o Estado nunca é neutro*, antes atua de acordo com os interesses da classe dominante, levará à conclusão de que o estado burguês só pode servir os interesses da burguesia, não

---

[43] Cfr. *L'économie du XX° Siècle* (1961), 378. Além de outros autores que aqui poderiam anotar-se, referirei apenas a opinião de um conhecido professor japonês, Shigeto Tsuru: "O estado, numa sociedade classista, não é certamente um árbitro neutro na luta de classes" (Cfr. *Has capitalism changed?*, Tóquio, 1963, na trad. Bras., Zahar editores, 1968, com o título *Aonde vai o capitalismo?*, 147).

[44] Não se esqueça que toda a atuação político-económico-social do aparelho de estado nazi, além de outros igualmente postos ao serviço de interesses classistas bem determinados, foi sempre coberta pela invocação do "bem comum", do "interesse nacional", do "ideal da nação", etc. etc.

[45] Se assim não fosse, como se compreenderia, além do mais (i.é, além da aceitação da *propriedade privada* dos meios de produção, valor máximo que ao estado burguês cabe proteger e garantir), que Tinbergen admita que "certas decisões, no interesse geral [qual *interesse geral*?], possam ser tomadas por entidades privadas e que defenda que "na minha [sua, dele] opinião as indústrias que se encontram ainda numa fase de desenvolvimento dinâmico beneficiarão mais em permanecer entre mãos privadas do que entre as mãos do estado"?

podendo esperar-se que da sua atuação resulte a negação da lógica do capitalismo e a sua superação por um sistema que a negue.

7. Há desigualdades e desigualdades...

Acresce que a concepção de socialismo para Tinbergen não implica a alteração das relações de produção próprias do capitalismo, pois se limita a fazer entrar maior igualdade no sistema, tornando-o mais justo, bastando que a comunidade (i. é, o estado) utilize os meios mais eficazes para *maximizar o bem-estar* dos seus membros. A tanto se reduz a proposta socialista de Tinbergen.

Nela transparece o velho mito igualitarista, enraizado na consciência europeia desde que a Igualdade foi incluída no ideário reivindicativo da grande revolução burguesa de 1789. Não será já a simples *igualdade formal*, segundo a qual "todos os homens nascem livres e iguais em direitos", mas uma *igualdade real*, uma igualdade a realizar ao nível da distribuição e do consumo de bens, uma igualdade ao nível das condições de vida, ao nível do bem-estar – realizando uma espécie de *socialismo de consumo*, um pouco à maneira do *comunismo de consumo* que Baboeuf e os Iguais tentaram ingloriamente realizar na França de 1796, esquecendo – como agora esquece Tinbergen – que "em qualquer época – como mostrou o autor da *Crítica ao Programa de Gotha* [46] –, a repartição dos objetos de consumo é consequência do modo por que são repartidas as condições da produção." Fazendo assentar a ideia de socialismo nas noções abstratas de *justiça e igualdade*, faz-se girar a realização do socialismo essencialmente à volta da repartição, tratando a repartição como algo independente do modo de produção, das relações sociais ao nível da produção (no caso concreto do capitalismo, da relação fundamental de exploração que lhe é inerente).

É claro que outra é a posição dos que consideram fundamental, para se poder falar de socialismo, a abolição da propriedade privada dos meios de produção. E é o que se passa, por exemplo, com as concepções, acima resumidas, de Teixeira Ribeiro e de A. C. Pigou. Escreve o primeiro destes autores: "porque os capitalistas ganham por título de propriedade, enquanto os trabalhadores recebem em paga do esforço, cria-se uma diferenciação social entre os que, por serem proprietários, podem viver sem trabalhar e os que, por não o serem, têm de trabalhar para viver",[47] vendendo a sua força de trabalho aos detentores dos meios de produção, que, pelo facto de o serem, se apro-

---

[46] Marx-Engels, *Oeuvres Choisies*, ed. m. [Éditions de Moscou], t. II, 18.

[47] *Economia Política, loc. cit.*

priam do sobreproduto criado pelos trabalhadores assalariados. Parece evidente que nenhuma utopia igualitarista consegue eliminar esta diferenciação fundamental, esta *diferenciação social*, esta diferenciação classista que arranca diretamente da posição social que se ocupa na produção.

Diz Tinbergen que "na teoria de Marx ela [a propriedade pública (social) de todos os meios de produção] era um meio e nunca um fim." E é verdade. Só que a abolição da propriedade privada dos meios de produção é, para Marx, um *meio* para se atingir o *fim* de destruir as relações de produção capitalistas e com elas acabar a exploração de uma classe por outra classe, a *diferenciação social* a que se alude acima. E não se vê que possa hoje atingir-se este fim sem utilizar aquele meio.

Tinbergen acrescenta, em conclusão, que "já são conhecidos hoje outros meios para reduzir as desigualdades." Só que não parece – pelo que atrás ficou dito – que possam depositar-se grandes esperanças nos meios que têm sido utilizados[48] e mesmo em outros da mesma natureza que venham a ser postos em prática; e, sobretudo, a verdade é que tais meios não poderão nunca eliminar os rendimentos distribuídos a título de propriedade, não acabando, portanto, a *desigualdade fundamental* do capitalismo enquanto sociedade de classes, o que significa que tais meios não são adequados, só por si, à instauração do socialismo tal como ele terá de entender-se hoje em dia e tal como o entendo, bem como os autores que cito acima.

A abolição da propriedade privada dos meios de produção aparece, portanto, não como um fim em si mesmo, mas como uma condição essencial (*conditio sine qua non*) para se acabarem os rendimentos sem trabalho e, portanto, para se acabar a exploração do homem pelo homem (ou de uma classe por outra classe).

8. O que é decisivo

Afirma Tinbergen que a simples nacionalização das empresas não servirá de muito para operar uma *distribuição mais equitativa*, para

---

[48] E o próprio Tinbergen não deixa de reconhecer "que a segurança social e os impostos aplicados até ao momento, bem como a política salarial, não nos ajudam muito a reduzir essas desigualdades." Mas é claro que, para quem aceite que a desigualdade fundamental é aquela "diferenciação social" de que fala Teixeira Ribeiro, resultante diretamente da relação de exploração que carateriza o capitalismo, para quem assim pense, então as medidas de Tinbergen, destinadas a promover os trabalhadores ao longo de uma escala de salários, não produzirão qualquer modificação qualitativamente relevante e a elas poderá aplicar-se este juízo contido nos *Manuscritos* de 1844: "um aumento de salário não é mais do que o pagamento de salários melhores a escravos e não conquista para o operário o seu destino e a sua dignidade humana."

introduzir *uma igualdade maior entre os trabalhadores*. Já disse das razões que me levam a pensar que o socialismo não pode identificar-se com uma *distribuição mais equitativa* (considerando que a repartição é 'coisa' independente do modo de produção) nem com uma *igualdade maior entre os trabalhadores* (deixando intocada a *desigualdade fundamental* entre os trabalhadores assalariados e os detentores do capital). Uma tal concepção de socialismo terá sempre de entender-se como acomodação à ordem estabelecida, como aceitação dos valores essenciais do modo de produção capitalista, dentro do tal espírito de "gestão leal do capitalismo."[49]

Com isto não quero, porém, significar que considero como *elemento de socialismo* a simples nacionalização das empresas, operada no seio de uma ordem económica predominantemente capitalista e pelo estado burguês. A *propriedade estadual* dos meios de produção é apenas uma nova (e a mais recente) forma jurídica da *propriedade capitalista* (propriedade que implica a negação da propriedade ou a não-propriedade de outros, tornando possível ao proprietário contratar a força de trabalho de trabalhadores livres, mas não proprietários, e apropriar-se do sobreproduto por estes criado), a par da *propriedade individual* e da *propriedade 'corporativa'* (sociedades por ações), deixando inalterada a natureza capitalista da propriedade de um estado que continua ao serviço da classe capitalista dominante. Razões de vária ordem – que não será oportuno tentar abordar aqui – explicam que o setor empresarial do estado (empresas nacionalizadas, sociedades de economia mista, *holdings* do estado e outras formas de propriedade pública) tenha acabado por se tornar num meio de alimentar e enriquecer o setor privado, representando aquilo que um autor chamou "os paradoxos da empresa pública."[50]

Por outro lado, também não me parece deva sustentar-se que a abolição da propriedade privada dos meios de produção seja o bastante para se considerar, sem mais, realizado o socialismo. Como ensina Oskar Lange,[51] a propriedade socialista dos meios de produção

---

[49] O Prof. Shigeto Tsuru inclui Tinbergen entre os economistas que "chegam mesmo a sugerir que é um erro fazer uma distinção qualitativa entre capitalismo e socialismo" e afirma que – num curso que ambos deram em Harvard, em 1957, sobre *Socialismo e Planificação* – Tinbergen definiu o socialismo como "uma responsabilidade coletiva da sociedade pelo bem-estar da população no seu conjunto", o que leva o professor japonês a comentar (*Has capitalism changed?*, trad. cit., 44) que, "se fossemos adotar essa definição, chegaríamos provavelmente a dizer que inclusive os liberais-democratas de Kishi, no Japão, são socialistas."

[50] *Les Paradoxes de l'Entreprise Publique* é o título de um artigo publicado por Bernard CHENOT, na *Revue Française de Science Politique*, 1955, 725-735.

[51] Tradução portuguesa de *Entwicklungs-Tendenzen der Modernen Wirtchaft und Gesellschaft*, sob o título *A Economia nas Sociedades Modernas*, Prelo, 1971, 34.

deve compreender "a administração dos meios de produção em prol do interesse coletivo da sociedade e a participação real e democrática dos produtores na administração dos meios de produção." E é sabido como à volta deste ponto se tem centrado a atenção de vários autores que se têm dedicado ao estudo do socialismo como fase de transição entre o capitalismo e o comunismo, alguns dos quais têm acusado de burguesa (não sem boa dose de 'paixão' e até de sectarismo) a via socialista na União Soviética e nas Democracias Populares. A título de exemplo, referirei o diálogo travado nas páginas da *Monthly Review* (de out/1968 até ao início de 1971) entre Paul Sweezy e Charles Bettelheim.[52] Este último autor põe em relevo o "domínio dos produtores sobre as condições e os resultados da sua atividade" como elemento essencial das relações socialistas de produção, acrescentando que "o que é *decisivo* – do ponto de vista do socialismo – não é o modo de *regulação* da economia, mas sim a natureza da *classe no poder* [sublinhado no original]." E, referindo-se à ditadura do proletariado enquanto forma política da fase socialista de transição, Bettelheim não deixa de acentuar que "a ditadura do proletariado tem essencialmente como efeito permitir o estabelecimento de determinadas condições políticas requeridas para que os produtores diretos possam dominar coletivamente, quer dizer, à escala social, os seus meios de produção e as suas condições de existência. É preciso lembrar também – acrescenta o economista francês – que este domínio não é de modo algum assegurado apenas pela estatização dos meios de produção e pela 'planificação' económica. O que comanda este domínio, que só se adquire através de uma longa luta de classes, é, antes de mais mas não unicamente, a detenção do poder pelos produtores."[53]

Se quiséssemos ir mais longe, poderia mesmo dizer-se que as contradições internas só desaparecerão (e só então existirá uma sociedade sem classes) "numa fase superior da sociedade comunista, quando tiverem desaparecido a escravizante subordinação dos indivíduos à divisão de trabalho e, com ela, a oposição entre o trabalho intelectual e o trabalho manual; quando o trabalho não for somente um meio de viver, mas se tornar ele próprio a primeira necessidade vital; quando, com o desenvolvimento múltiplo dos indivíduos, as forças produtivas se tiverem desenvolvido também e todas as fontes de riqueza coletiva brotarem com abundância, só então o horizonte limitado do direito burguês poderá ser definitivamente ultrapassado e a sociedade poderá escrever nas suas bandeiras: 'De cada um segundo as suas capaci-

---

[52] Existe uma tradução portuguesa da Portucalense Editora (1971), sob o título *Sociedades de transição: luta de classes e ideologia proletária*.

[53] *Ob. cit.* na nota anterior, 51, 55 e 71/72.

dades, a cada um segundo as suas necessidades!'" (*Crítica ao Programa de Gotha*). E um tal estádio só poderá, porventura, alcançar-se quando o socialismo tiver sido estabelecido à escala mundial.

9. O Welfare-State

É tempo, porém, de retomar mais de perto as propostas de Tinbergen. A sua concepção de socialismo aponta para a ideia de *maximização do bem-estar*, admitindo logo Tinbergen "que a definição de bem-estar constitua uma questão importante" e, por certo, de não fácil solução.

Trata-se de uma ideia que não deixa de recordar o *princípio utilitarista* de Bentham e William Godwin (realizar o máximo de felicidade, o máximo de bem-estar para o maior número), princípio de resto invocado já em 1824 por William Thompson, o autor mais representativo do chamado *socialismo ricardiano*, para justificar a sua proposta de uma *política de redistribuição do rendimento*, que asseguraria um maior grau de bem-estar e mais mercados para as empresas.[54]

Essa ideia de Tinbergen evoca também a concepção proudhoniana de "socialismo burguês", um socialismo concebido como "a constituição de fortunas moderadas, a universalização da classe média", e justifica igualmente que se recorde a proposta de Bernstein de uma "revolução orgânica", através do jogo parlamentar, que permitiria ao movimento operário, no seio de um estado definido como *neutro*, lutar pelas suas reivindicações, trabalhar para "fazer ascender o operário, colocado ainda na condição de proletário, à condição de burguês, e, por conseguinte, para generalizar a condição burguesa."[55]

Penso, aliás, que a uma tal meta de maximização do bem-estar (bem-estar pelo qual deve responder a comunidade) não podem deixar de pôr-se sérias restrições, numa sociedade com as caraterísticas do capitalismo atual, cuja *irracionalidade* Galbraith (entre outros autores) tem posto em destaque, considerando-a "inerente à própria natureza do sistema". Com efeito, sendo a lógica do capital a sua valorização, *a produção não é mais que uma produção para o capital*, produzindo-se os bens que asseguram maiores margens de lucros e não aqueles que, racionalmente, humanamente, são susceptíveis de oferecer maior utilidade,

---

[54] Cfr. Henri Denis, *Histoire de la Pensée Économique*, Paris, PUF, 1967, 380, obra de que existe tradução portuguesa sob o título *História do Pensamento Económico*, Lisboa, Livros Horizonte, s. d., 393.

[55] E esta *generalização da condição burguesa* não deixará de recordar o futuro que Tocqueville sonhou para os Estados Unidos: "A grande riqueza tende a desaparecer, o número de pequenas fortunas a aumentar" (*apud* T. B. Bottomore, *ob. cit.*, 93).

de propiciar maior bem-estar. Ganha sentido, pois, a conclusão de Galbraith, numa conferência que proferiu em Paris em fevereiro de 1971, segundo a qual "alguns bens, muitos dos quais não são absolutamente nada úteis, são produzidos em enormes quantidades, enquanto que importantes necessidades privadas e públicas não são satisfeitas. (...) O volume da produção não é de modo nenhum função da utilidade do produto."[56]

Restrições que ganham maior significado se atentarmos em que nas sociedades capitalistas dos países industrializados o *desperdício organizado*, a *ciência do desperdício*,[57] é considerada um elemento positivo, uma técnica que é preciso aperfeiçoar. A sua importância 'estratégica' para o capitalismo fica à vista se analisarmos bem o que acerca de uma tal sociedade e desse 'desperdício' se escreveu no relatório de uma comissão insuspeita, altamente qualificada e responsável:[58] "No caso do 'desperdício' militar, é evidente que a utilidade social é manifesta. Isto resulta do facto de o 'desperdício' da produção de guerra se desenrolar completamente à margem dos quadros da economia da oferta e da procura", acrescentando-se que "a guerra, e só a guerra, resolve o problema levantado pelos *stocks*", i. é, só a guerra evita as crises de sobreprodução, "pelo facto de esse sector não ser sensível às contracções que podem produzir-se no sector privado, (...) facto que justifica a conclusão final de que "a guerra é e tem sido o elemento essencial da estabilidade nas sociedades modernas."

Numa sociedade que faz da produção um fim em si, numa sociedade em que o homem, enquanto consumidor, é manipulado como puro objecto, numa sociedade em que o homem é 'condenado' a consumir, em obediência à hierarquia de prioridades e valores próprios do estádio actual do capitalismo, numa sociedade deste tipo, cuja engrenagem exige que os bens que ao aparelho produtivo mais convém produzir sejam adquiridos, usados e substituídos a um ritmo sempre crescente, numa sociedade informada por tais valores, que sentido poderá ter a busca do máximo de bem-estar?

Sempre poderá dizer-se – parece – que a ideia do *Welfare-State*, considerado como o ponto alto do capitalismo industrializado, não terá sentido possível como solução para os 'países subdesenvolvidos'. E

---

[56] *Le Nouvel Observateur*, nº de 8.2.1971.

[57] Acerca do significado desse 'desperdício', cfr. duas pequenas notas minhas saídas na *Vértice*: "Os que vicejam na guerra, desejam a guerra, triunfam na guerra, contra os que vicejam na paz, desejam a paz, triunfam na paz") (*Vértice*, nº 313, fev./70, 122-127) e "O significado atual do mercado nas economias capitalistas" (*Vértice*, nº 331/332, ag.-set./71, 678-682).

[58] Refiro-me ao *Report from Iron Mountain on the Possibility and Desirability of Peace*, que utilizo na tradução francesa: *La paix indésirable?*, Paris, Calmann-Lévy, 1968, especialmente 92-98.

poderá também dizer-se que as deficiências e contradições de uma tal 'sociedade de consumo' não poderão ultrapassar-se fazendo pura e simplesmente o balanço das necessidades não-satisfeitas e procurando pô-las a cargo do sistema económico. E isto porque o sistema tem a sua lógica própria, as suas próprias finalidades, a que são estranhas as finalidades de uma vida verdadeiramente humana, e porque – nos quadros de um tal sistema – a própria expressão das necessidades é totalmente alienada. Por isso – como salienta o Prof. Hubert Brochier[59] – a própria ideia de bem-estar (de um bem-estar ao nível das necessidades autênticas e profundas do homem) e a sua conquista exigirão um projeto social que permita a revelação das 'necessidades profundas' do homem, que implique a transformação das relações sociais de modo a dar uma dimensão nova a essas necessidades e a garantir a sua desalienação, que provoque uma alteração das estruturas económicas e das relações de produção capaz de alicerçar uma nova ordem económico-político-social que permita satisfazer aquelas necessidades.

10. O capitalismo já não existe?

A outra face da concepção de socialismo defendida por Tinbergen é, logicamente, um certo entendimento acerca da natureza do sistema dominante no chamado mundo ocidental. "Em minha opinião – escreve Tinbergen – o sistema ocidental atual não é capitalista como o era em 1850."

Ora, a verdade é que entre *o capitalismo de concorrência* de 1850 e o *capitalismo monopolista de estado* dos nossos dias se notam sensíveis diferenças em vários domínios.[60] Mas também é verdade que as alterações verificadas não produziram qualquer mudança qualitativamente relevante, em termos de poder dizer-se que o sistema que hoje enquadra as relações económicas, sociais e políticas no mundo ocidental – o *sistema ocidental atual* de que fala Tinbergen – já não pode definir-se como capitalista. Na minha ótica, a evolução verificada não trouxe qualquer alteração que tenha vindo tocar a própria essência defini-

---

[59] Cfr. "Les besoins humains", *Esprit*, dez/1969, 870ss.
[60] Cfr. V. Tribuna MOREIRA, "O capitalismo e as suas formas", trabalho incluído no volume coletivo *Sobre o Capitalismo Português*, cit. Ver ainda: *Has capitalism changed?*, cit.; *Tendenze del capitalismo europeu*, Atti del Convegno di Roma organizzato dall'Istituto Gramsci, 25-27 giugno/1965 (Editori Riuniti, 1966); *Économie et Politique*, nºs 143/144 e 145/146, números monográficos contendo as comunicações e intervenções de uma conferência internacional realizada em Choisy-Le-Roi (20-29 de maio/1966), sobre o *Capitalismo Monopolista de Estado*; *Le Capitalisme Monopoliste d'État*, tratado em 2 vols., da responsabilidade da redação da revista *Économie et Politique*, Paris, Éditions Sociales, 1971.

dora do capitalismo, de molde a justificar Tinbergen[61] na afirmação de que "pela minha [dele, Tinbergen] parte, já não chamo capitalista ao sistema existente nos países do Ocidente", confirmando o que já defendera em estudo anterior (1965): "não há capitalismo puro no Ocidente, do mesmo modo que não há socialismo puro – como era concebido outrora – a Leste."[62]

Ora, penso que o problema não consiste em saber se há ou não, na prática, *capitalismo puro* ou *socialismo puro*. Na verdade, o processo histórico de evolução dos sistemas económicos obriga a concluir, por um lado, que essa evolução não se realiza por *passagem abrupta* de um sistema para outro, mas sim por um processo contínuo de transformação e, por outro lado, que a sucessão não se opera por *substituição completa* de um sistema por outro.[63] Daí que, em cada época histórica, o dizer-se que em determinado país ou região se pratica um sistema capitalista ou um sistema socialista só pode significar que aí são *dominantes* os elementos definidores essenciais do capitalismo ou do socialismo, o que quer dizer que não terá sentido falar-se de *sistemas puros*, pois a predominância dos elementos que informam um dado sistema não afasta a sobrevivência de elementos de sistemas anteriores e a emergência de fatores que *prenunciam* já um estádio superior de evolução.

Mas o que deve então entender-se por capitalismo? Socorrendo-me de novo da lição dos Professores Teixeira Ribeiro[64] e A. C. Pigou,[65] creio poder afirmar que as caraterísticas essenciais do capitalismo se traduzem na *propriedade privada dos meios de produção* e no *recurso ao trabalho assalariado* (o que permite aos donos do capital a obtenção de rendimentos sem trabalho), cabendo a iniciativa da produção a empresas que se propõem a obtenção de lucros.[66]

---

[61] Entrevista publicada no *Jornal do Fundão*, analisada na minha primeira nota.
[62] Cfr. "Face à l'avenir", na *Revue de da Politique Internationale*, nº 364, 5/6/965, 11/12.
[63] Cfr. J. J. Teixeira Ribeiro, *Lições de Economia Política*, cit., 186-189.
[64] Cfr. *ob. loc. cit.*, *supra*, nota 35.
[65] Cfr. *ob. loc. cit.*, *supra*, nota 37.
[66] Distinguindo o capitalismo do socialismo, o Prof. Tsuru sustenta que a *differentia specifica* entre os dois sistemas reside na forma que assume o excedente social da produção sobre o consumo (ou reside em saber *quem controla* esse excedente): no capitalismo, o sobreproduto social assume a forma de lucro, mais-valia apropriada em propriedade absoluta pelos proprietários dos meios de produção e orientada não só para consumo pessoal dos próprios capitalistas, mas também para investimento em novos meios de produção; no socialismo, o excedente assume a forma de fundo social que será distribuído por consumo e investimento de acordo com decisão da própria coletividade (*ob. e trad. cit.*, 72/73; no mesmo sentido de Tsuru, pronuncia-se Bettelheim, em ensaio incluído no volume coletivo editado por aquele professor japonês, 85ss). E trata-se de ideia correta, desde que se entenda que as diferentes formas que assume o excedente (ou a diferença que resulta de quem o controla) resultam de diferentes formas de relações de produção, particu-

E penso ser inegável que estas mesmas caraterísticas se apresentam ainda hoje como traços essenciais do sistema dominante nos países ocidentais. Tinbergen sustenta que o sistema dominante nestes países é um *sistema misto*. Um outro laureado com o Prémio Nobel da Economia, Paul Samuelson (que não se diz socialista), fala de *sistema de economia mista*.[67] Outros autores falam de *capitalismo popular*, de *capitalismo organizado*, de *economia concertada*, de *neocapitalismo*, de *Welfare State*, etc. São pontos de vista que podemos compreender na sequência das teses revisionistas iniciadas com Edward Bernstein, com o duplo objetivo de negar a alternativa socialista ao capitalismo (uma vez que este terá entrado numa nova fase, qualitativamente diferente, em que as contradições se atenuarão, a ponto de se considerar que tal capitalismo já não é algo de oposto ou diferente em relação ao socialismo) e de encaminhar as classes trabalhadoras para a via da *integração*, da *participação*, da *colaboração de classes* (pontos que assumem particular importância na ideologia atual dos países capitalistas desenvolvidos, pontos de vista sustentados, inclusivamente, por autores que em nada se pretendem socialistas, alguns mesmo adeptos dos princípios corporativistas[68]).

Esta é, bem entendida, a filosofia inerente à tese da *convergência dos sistemas*, cujas raízes diretas poderão ir buscar-se a Auguste Comte (o primeiro ideólogo da tecnocracia e da sociedade industrial[69]), a Max Weber ou a Werner Sombart,[70] passando, sobretudo a partir dos dois primeiros, para toda a moderna teoria sociológica da *sociedade indus-*

---

larmente da existência de propriedade privada ou de propriedade coletiva (social) sobre os meios de produção.

[67] Cfr. *Economia*, ed. Fundação Gulbenkian, 1º vol., Lisboa, 1987, 53.

[68] Sobre o estado da questão no nosso país, cfr. uma nota minha integrada no trabalho coletivo *Sobre o Capitalismo Português*, cit., 149ss. ("A ideologia conservadora num mundo em revolução").

[69] Criticando os pressupostos individualistas da Escola Clássica inglesa e negando validade científica à Economia Política, Comte defende a necessidade de uma ordem social em que exista um poder temporal (que caberia aos banqueiros e chefes de indústria), encarregado de manter em situação de subordinação os que devem obedecer, e um 'poder espiritual' (que deveria pertencer aos sábios, principalmente aos sociólogos), ao qual caberia a tarefa de ensinar os subordinados a aceitar a posição que ocupam e a amar os que mandam, fazendo ver às massas populares que "leis naturais (...) devem determinar a indispensável concentração das riquezas entre os capitães de indústria" e que "pouco importa aos interesses populares em que mãos se encontram habitualmente os capitais, desde que o seu emprego normal seja necessariamente útil à massa social", incutindo-lhes, em suma, a ideia da "superioridade real das soluções essencialmente morais sobre as soluções puramente políticas." (*apud* H. Denis, *ob. cit.*, 492-498 da trad. port.).

[70] Em 1927, escreveu Sombart (3ª parte de *Der Moderne Kapitalismus*, trad. franc., *L'Apogée du Capitalisme*, vol. II, 526): "Devemos, entretanto, habituar-nos à ideia de que, entre um *capitalismo estabilizado e regularizado* e um *socialismo racionalizado* que utilize todos os recursos da técnica, a diferença não é muito grande." [sublinhado nosso. AN]. Mais tarde (*Le socialisme allemand*, trad. franc., 1938, 73ss; a 1ª edição alemã é de 1934), viria a defender uma noção de socialismo na qual caberia – como Sombart pretendia – inclusive o regime nazi: o socialismo seria "um estado de vida social em que a conduta do indivíduo é determinada em princípio por normas obrigatórias

trial (Raymond Aron, Georges Friedmann, Herbert Marcuse, Ralph Dahrendorf, entre outros), ao mesmo tempo que a sua filosofia inspira economistas de mentalidade liberal, como J. K. Galbraith, e adeptos de um socialismo reformista, como Jan Tinbergen ou Paul Strachey, além de muitos outros, evidentemente.

O vício fundamental da *teoria da convergência dos sistemas* (ao sustentar a ideia de convergência num *sistema misto*... de capitalismo e socialismo, a *meio caminho* entre estes dois) consiste na falta de perspetiva do processo histórico de evolução dos modos de produção, encarando o problema dos sistemas como uma questão dependente da *escolha*, da *opção* que se faça entre um leque de possibilidades. Tem razão Philippe Herzog: "o estudo económico burguês dos sistemas capitalistas e socialistas não é concebido numa perspetiva dialética, histórica, mas funcional. De modo que o objeto da investigação é comparar 'eficiências', no pressuposto, por vezes manifesto, de que esta comparação esclarecerá uma escolha social."[71]

Ora, a ideia de que se poderia *escolher* livremente entre esta ou aquela possibilidade ou ainda uma terceira, um *sistema misto*, ressalta de vários passos dos escritos de Tinbergen a que tive acesso. Na entrevista ao *Jornal do Fundão*, declara: "creio mesmo que o sistema que melhor pode servir é um que se encontra a meio caminho entre os dois sistemas tradicionais. (...) A este respeito creio que os sociais-democratas têm qualquer coisa de novo e de melhor para apresentar." Quer dizer: além dos "dois sistemas tradicionais", há ainda uma terceira hipótese, a qual deve *ser preferida* por ser a que *melhor serve*, até porque os sociais-democratas têm *qualquer coisa de novo e de melhor a apresentar*, um pouco à maneira dos socialistas utópicos, que pretendiam revolucionar a sociedade substituindo o capitalismo 'injusto' por um sistema *melhor* que eles elaboravam e *apresentavam* aos seus semelhantes, a quem procuravam convencer da excelência do seu *projeto*.

Num artigo publicado na revista *Soviet Studies* (abril/1961), escreve Tinbergen: "As condições parecem favoráveis, nestes países [países subdesenvolvidos], para *tentar combinar* os melhores elementos do comunismo e da livre empresa. Estes países podem portanto tornar-se um *terreno de experiência* para os regimes económicos."[72] Quer dizer: perante os dois sistemas que na presente época histórica se dividem

---

que radicam numa razão universal, que radica na comunidade política e que tem a sua expressão na lei (*nomos*)".

[71] Cfr. *Politique Économique et Planification en Régime Capitaliste*, Paris, 1971, 263, em nota.

[72] Texto publicado em italiano ("Una ipotesi di Tinbergen: schemi di cionvergenza fra le economie comuniste e occidentali?") em *Mondo Economico*, 10-26 agosto/1961, 27ss. [sublinhados nossos. AN]

o mundo, seria possível, *experimentalmente*, através de combinações dos melhores elementos do capitalismo e do socialismo, 'produzir' um terceiro sistema, que seria *melhor* que os outros dois, pois seria o resultado da *combinação*, como que laboratorial, do que de melhor existia nos dois que coexistem neste estádio do processo histórico.

Num outro artigo (1966), Tinbergen escreveu: "Não foi apenas a experiência que conduziu os dirigentes da economia, tanto os de Leste como os de Oeste, a modificar os seus sistemas. A teoria económica moderna quer que 'o sistema melhor' seja uma síntese de certos elementos da eficiência 'capitalista' e da equidade 'socialista'".[73] E assim se faria a História: os sistemas económicos evoluiriam não já como resultado da dinâmica das suas leis de movimento e da atuação consciente das *classes sociais*, mas seriam *modificados* pelos *dirigentes* da economia, uns para abandonarem o capitalismo outros para largarem o socialismo, em troca daquele que a *teoria económica* moderna *quer* que seja "o sistema melhor", uma *síntese* da eficiência de um e da equidade de outro – tese que levou um crítico a responder a Tinbergen que "um híbrido capitalismo-socialismo seria tão contra-natura como um boi-cavalo."[74]

Por mim, entendo que é necessário não perder de vista a *dialética do processo histórico* e reconhecer as leis deste processo, que explicam a evolução da humanidade, através da luta de classes, dos modos de produção mais remotos até ao capitalismo e que apontam o socialismo como um estádio superior do mesmo processo evolutivo. Só o 'esquecimento' desta perspetiva poderá explicar que, tendo em conta as mutações verificadas nos países de economia predominantemente capitalista e nos países de economia socialista dominante, se incorra no vício de análise que consiste em abstrair das caraterísticas essenciais dos dois sistemas, para concluir que o capitalismo já não existe ou superou as suas contradições próprias e que o socialismo tem tendência para regressar a fórmulas capitalistas, vindo a encontrar-se os dois sistemas num ponto intermédio, numa fórmula híbrida capitalismo--socialismo.

A verdade, porém, é que, como escreveu recentemente um autor, "a menos que se generalize a privatização no domínio das economias socialistas ou se acentue a estatização no âmbito das economias ocidentais, para além do que é razoavelmente previsível, *persistirá a*

---

[73] Cfr. "Promouvoir la politique internationale de développement", em *Revue de la Politique Internationale*, nº 371, 20.9.66, 11/12.

[74] Cfr. L. A. LEONTIEV, "En analysant sainement les faits... – A propos d'une théorie du professeur J. Tinbergen", em *Revue de la Politique Internationale*, nº 390/391, de 6-20 de julho/1966, 15-17.

diferença de raiz quanto à propriedade dos meios de produção, não obstante o paralelismo formal na consagração de soluções mistas de mercado e de plano."[75] Esta é, a meu ver, uma verdade irrecusável. E, sendo assim, a tese da convergência dos sistemas e a sua concepção de um "sistema misto", só pode significar a negação das diferenças essenciais entre capitalismo e socialismo, 'destruindo' um e outro no que têm de fundamental, o que é uma maneira de esvaziar o socialismo do seu sentido e significado, anulando-o como estádio superior de evolução da humanidade, uma vez que o sistema em vigor nos países ocidentais é já *um sistema misto com numerosos elementos socialistas* (Tinbergen).

E esse propósito de 'matar' o socialismo (como reação a esse *espetro que domina o mundo...*[76]) transparece claramente nos escritos dos defensores da *tese da convergência dos sistemas*. Num artigo de 1965 escrevia Tinbergen que "os dois sistemas estão em evolução" e que "as alterações revelam uma tendência para a aproximação. Há mesmo provas indicativas – acrescenta – de que os dois sistemas evoluem no sentido de um *optimum*, de uma ordem que é melhor, ao mesmo tempo, que o capitalismo puro e o socialismo puro."[77] Daí que, em outro texto publicado pela mesma altura,[78] concluísse, coerentemente, que apresentar o litígio ideológico entre os EUA e a URSS "de maneira simplista, como o litígio entre o 'capitalismo' e o 'socialismo'" era uma forma ultrapassada (*périmée*) de ver a questão, pois, em seu entender, "tudo mostra como a controvérsia sobre o sistema social e económico ótimo se tornou, de controvérsia absolutamente qualitativa, em problema de natureza relativa e quantitativa. (...) Devemos reconhecer que dos dois lados as ideologias estão ultrapassadas." – afirma Tinbergen no citado artigo *Face à l'avenir*.

Também J. K. Galbraith acaba por chegar a conclusão idêntica: "As desventuras do socialismo democrático têm sido as desventuras do capitalismo. Quando este deixou de poder exercer controlo, *o socialismo democrático deixou de ser alternativa*. A complexidade técnica, a planificação e a escala associada de operações que retiraram o po-

---

[75] Paulo de Pitta e Cunha, "As reformas económicas e o ressurgimento dos mecanismos monetários nos países do bloco socialista", na *Revista Bancária*, nº 24, abr.-jun/1971, 30. [sublinhado nosso. AN]

[76] "O que é perigoso – escreve W. W. Rostow, autor do célebre *Non-Communist Manifesto* – é o método socialista de gestão da economia, que permite transformar um país retardatário em país evoluído num lapso de tempo relativamente curto." (*apud* Roger Garaudy, *Karl Marx*, Paris, 1964, 249).

[77] "Face à l'avenir", *cit.* na nota 58, *supra*, nota 37.

[78] "Idéologies et développement scientifique", *Revue de la Politique Internationale*, nº 372, 5. 4. 1965, 6.

der do empresário capitalista e o transferiram para a tecnostrutura, *colocaram-no também fora do alcance do controlo social*. Em quase todo o mundo não-comunista, *socialismo, com o significado de propriedade pública das empresas industriais, é um slogan já gasto*."[79] E noutro lugar escreve o economista americano: "O socialismo veio a significar governo de socialistas, que *aprenderam que o socialismo*, tal como era *antigamente* compreendido [i. é, baseado na propriedade pública, social dos meios de produção], *é impraticável*."

O sentido último destas afirmações ganhará o seu significado autêntico se as confrontarmos com esta conclusão formulada pelo mesmo Galbraith na já referida conferência, proferida em Paris, no clube de *Le Nouvel Observateur*: "É ilusório pretender encontrar a exploração, no sentido marxista da palavra, numa sociedade de tecnostrutura", acrescentando que "já não se pode seriamente acusar o sistema (capitalista), por exemplo, de explorar o seus próprios trabalhadores, objetos tradicionais da sua opressão."[80]

Também Adolf Berle, como conclusão da sua análise das grandes *corporations* americanas, sustenta que "o aparecimento e o desenvolvimento da grande sociedade por ações modifica a propriedade como instituição quase tão profundamente como o fazem a doutrina e a prática comunistas", não vendo qualquer dificuldade em afirmar que "o sistema económico americano, baseado na propriedade privada, se tornou, no fim de contas, tão socialista como muitos sistemas socialistas."[81]

Finalmente, apenas outra amostra das conclusões a que pode levar (e tem levado) a lógica que subjaz e os elementos em que se apoia a *teoria da convergência dos sistemas*: "O conceito de comunismo de Marx – escreve um autor inglês, Robert Tucker[82] – é aplicável mais de perto à América de hoje, por exemplo, do que o seu conceito de capitalismo."

11. Um sistema misto

A respeito do sistema dominante no 'mundo ocidental', fala Tinbergen de *sistema misto* "com numerosos elementos socialistas." Que

---

[79] Cfr. *The New Industrial State*, Londres, Hamish Hamilton, 1967, 101 e 103-104 (na tradução brasileira, *O Novo Estado Industrial*, ed. Civilização Brasileira, 2ª ed., 1969, 112 e 115). [sublinhado nosso, bem como a supressão dos parágrafos. A.N.]

[80] Cfr. *Le Nouvel Observateur*, nº de 8.2.1971.

[81] Transcrevo de um artigo de A. A. BERLE, sobre *Les grandes unités*, na *Encyclopédie Française*, vol. IX, 9.10.2.

[82] Cfr. *Philosophy and Myth in Karl Marx*, Cambridge, 1967, 235.

elementos socialistas serão estes? Pois são, em primeiro lugar, as chamadas *regalias sociais* dos trabalhadores, obtidas mediante a atuação do estado em matéria de segurança social, assistência, habitação, educação e lazeres – campos que fundamentalmente integram a base do *estado social* moderno.[83] Trata-se, em regra, de elementos que representam o resultado de um longo processo de luta das classes trabalhadoras, são *conquistas* suas, como outrora o tinham sido a liberdade sindical e a limitação da jornada de trabalho a oito horas. E trata-se, também, como os autores salientam, da assunção, por parte do capitalismo, de certas metas dos programas socialistas, mas 'integrando-as' na lógica do sistema, transformando em *meio* o que deveria ser um *fim* em si mesmo. Isto o que, bem recentemente, Henri Janne punha em realce num texto esclarecedor: "O significado do neocapitalismo é claro sobre este ponto: transformar os fins maiores do socialismo em meios de realizar outros fins, isto é, a manutenção do lucro, da iniciativa privada, dos grupos privilegiados. Reduzidos a meios de fins bem determinados, os objetivos alteram-se inevitavelmente. Crescimento económico, sim, mas para e pelo lucro. Maior poder de compra das massas, mas para criar o lugar e o mecanismo de antecipação do lucro. Pleno emprego, mas para assegurar a manutenção do poder de compra global. Segurança social, mas para tornar psicologicamente possível que se gastem por inteiro os salários individuais. (...) Democratização dos estudos para produzir as altas qualificações necessárias ao funcionamento do aparelho produtivo, mas limitada até ao ponto de não comprometer as posições privilegiadas dos filhos de grupos dirigentes."[84]

Em segundo lugar, farão parte destes elementos específicos do capitalismo atual, v. g. a planificação estadual, o financiamento pelo estado de certas atividades, a propriedade pública de certos setores ou empresas, etc. Só que, quanto a estes, trata-se de alterações nitidamente impostas pelo desenvolvimento das forças produtivas, que obrigou o estado a abandonar a posição de espetador, de *gendarme*, que o liberalismo lhe atribuía, em consonância com as exigências de um *capitalismo de concorrência,* para se tornar ele próprio um operador na esfera do económico, justificando-se a sua nova função neste campo não já por razões políticas, mas por razões económicas, que basicamente se traduzem em promover, facilitar e organizar a acumulação capitalista. Ao estado, como superestrutura política de uma dada estrutura económica em determinado estádio da sua evolução,

---

[83] Sobre o significado do *estado social*, cfr. o artigo de Joaquim GOMES, no volume coletivo *Sobre o Capitalismo Português*, cit., 205ss.

[84] Ver a tradução do livro *Le temps de changement* (Paris, Marabout, 1971, 218) *apud* J. GOMES, *ob. cit.* na nota anterior, 215.

cabe agora um papel que se realiza fundamentalmente no domínio do económico.

A ocorrência destes *elementos socialistas* nem é novidade no campo teórico (Lenine não escrevera já que "o capitalismo monopolista de estado é a antecâmara do socialismo"?) nem significa que se tenha alterado a natureza de um modo de produção em que as relações de produção, os seus vários elementos superestruturais, a sua lógica continuam predominantemente capitalistas. Antes representará a justeza do método analítico que considera os vários modos de produção no seu permanente devir, para chegar à conclusão de que, perante as leis históricas de evolução da humanidade, o socialismo deve entender-se como um estádio superior de evolução, a surgir em resultado da superação das contradições do próprio capitalismo.

Às classes histórica e objetivamente interessadas nessa superação cabe atuar *conscientemente* nesse sentido, atuação que será tanto mais consciente e tanto mais importante quanto mais claro e profundo for o conhecimento das leis que definem o sentido daquele processo de evolução. Às classes interessadas em evitar que o processo histórico se desenrole de acordo com a lógica inerente às leis económicas de evolução do sistema, o conhecimento dessas leis serve, por sua vez, para esclarecer e tornar mais consciente a *luta* tendente a impedir essa evolução. A história das últimas décadas do capitalismo, especialmente depois que o socialismo foi implantado na URSS, em 1917, não deixa de confirmar isto mesmo.

12. O progresso e a propriedade privada

Desdobrando e justificando a sua tese de que "o sistema (capitalista) presente é misto com numerosos elementos socialistas", Tinbergen acrescenta que "a propriedade privada de hoje só representa uma fração da liberdade de ação caraterística de 1850". Eis uma afirmação a que não poderá negar-se alguma verdade, embora desta verdade não possa concluir-se que a natureza da propriedade sobre os meios de produção não é já elemento (e elemento decisivo) para a caraterização do sistema capitalista ou socialista.

É claro que não vivemos hoje no regime de pequena empresa que caraterizou o capitalismo dos primeiros tempos do industrialismo, em que o capitalista era também o empresário, o dirigente da *sua* empresa. As coisas mudaram de então para cá: o progresso técnico foi enorme e por vezes a um ritmo vertiginoso. Daí que as empresas, para poderem acompanhar a evolução das forças produtivas, carecessem de grande volume de capitais. Compreende-se, por isso, que as sociedades por ações fossem ganhando importância crescente, pois elas constituem um instrumento jurídico-económico que facilita a centralização de capitais e a concentração do poder económico nos grandes acionistas, além de que, sendo grandes empresas, veem acrescidas as possibilidades de concentração de capitais, em resultado da sua própria acumulação.

Daí que o conhecimento e o controlo dos mercados atuais e potenciais, o conhecimento e o controlo das inovações tecnológicas tenham adquirido importância decisiva na gestão da empresa capitalista. Daí, naturalmente, as transformações espetaculares nas técnicas de gestão, a importância dos gabinetes de estudo, de concepção, de *marketing*, a necessidade de organização e de programação a longo prazo. Daí que o capitalista-proprietário-dirigente de outrora não pudesse sobreviver. Daí a importância crescente do "organizador industrial, ficando a gestão cada vez mais separada do proprietário", como se previa já em *O Capital*.

As alterações que ficam sumariamente apontadas contribuíram, na verdade, por um lado, para substituir a propriedade individual por uma nova forma de propriedade capitalista, a 'propriedade social', a propriedade da sociedade comercial, como pessoa coletiva cujo substrato pessoal é constituído por um grupo maior ou menor de sócios, e, por outro lado, para separar, institucionalmente, as funções de *diretor* e de *proprietário*. Daqui até à conclusão de que a propriedade dos meios de produção perdeu todo o significado, de que a propriedade privada dos meios de produção deixou de poder considerar-se como elemento essencial do sistema dominante nos países industrializados do ocidente e de que este sistema sofreu, por isso, uma mutação qualitativa fundamental, uma mudança na sua natureza e na sua lógica interna, até esta conclusão, dizia, vai um grande passo, importando averiguar da legitimidade para o dar.

É claro, desde logo, que esta 'socialização' do capital, que é própria das sociedades por ações, não pode entender-se com um *elemento de socialismo*: estas sociedades constituem, pelo contrário, um dos mais poderosos instrumentos da acumulação capitalista e do seu desenvolvimento. Tal 'socialização' significa apenas a necessária adaptação das estruturas da propriedade à *socialização da produção*, operada esta em consequência da evolução das técnicas, que conduziu à especialização, muito particularmente a partir do advento da maquinofatura. A propriedade dos meios de produção, porém, continua *privada* (a ditar a *apropriação privada* do sobreproduto), mantendo-se a contradição com o caráter *social* da produção.

13. A "democratização" do capital

Não tem faltado, porém, quem pretenda ver superada esta contradição pela via da *difusão da propriedade*, da *democratização do capital* resultante da emissão de ações adquiridas por milhares e até milhões de pessoas, por forma a criar-se uma situação de *capitalismo popular*, via que levaria a um nivelamento das classes e a um clima de 'harmonia social' e de 'paz social'. Nesta lógica se inserem, aliás, as tentativas, ultimamente tão em moda, de fazer participar os operários no capital e nos lucros das empresas (*acionariado operário* e outras técnicas de *participação*, que, em regra, não têm colhido o favor dos sindicatos).

Simplesmente, a verdade é que não é por isso que tais empresas deixam de ser capitalistas: os 'operários-acionistas' não passam a decidir dos fins da produção nem do destino do sobreproduto, de que continuam a apropriar-se em maior medida os acionistas que controlam a empresa e controlam a aplicação do sobreproduto, com a vantagem de que, 'interessando' os trabalhadores na empresa, asseguram maior estabilidade da mão-de-obra e maior rendimento do trabalho.

E a verdade, também, é que o 'capitalismo popular', resultante da difusão das sociedades anónimas e da dispersão das ações, não deixa de ser capitalismo e nem sequer será *popular*. Assim como a concentração das empresas – enquanto fenómeno que traduz a polarização crescente dos capitais e do poder económico – em nada é afetada pela sobrevivência e até pelo aumento do número das pequenas empresas, assim também o grande número de pequenos acionistas não é decisivo para pôr em causa o poder dos grandes, que decidem da vida da empresa com o mesmo à vontade com que as grandes empresas decidem das condições da indústria. Tal como a existência de pequenas empresas (mesmo em grande número) não afeta o 'monopólio' das grandes, do mesmo modo a 'democratização' do capital acionista não afeta a 'soberania' da grande burguesia monopolista. Antes pelo contrário: a difusão das sociedades por ações e, mais recentemente, da vária gama dos *institucional investors* e das sociedades *holding*, tem sido o meio mais eficaz de 'radicalização' do sistema, de proletarização de largas camadas da pequena e da média burguesia, de centralização de capitais e de concentração do *poder económico* (e, portanto, do *poder político*) nas mãos da grande burguesia, muito para além da sua própria capacidade de acumulação. [85]

---

[85] "Ce n'est pas parce que le petit porteur d'actions est sans pouvoir que le détenteur du gros paquet manque de moyens d'action. Bien au contraire!" – assim respondeu Roger Garaudy a J. K. Galbraith no já referido colóquio no clube de *Le Nouvel Observateur*.

De resto, o *capitalismo popular* nunca deixaria de ser capitalismo (pois sempre subsistiriam os rendimentos sem trabalho), a menos que se identificasse o socialismo com a *generalização da condição burguesa* e se admitisse a hipótese absurda de todas as pessoas a ela ascenderem... (absurda porque a subsistência da condição burguesa implica a existência de pessoas na condição proletária). E a verdade é que – como demonstra o sociólogo americano Ch. Wright Mills[86] – "a ideia de uma distribuição realmente ampla da propriedade económica é uma ilusão fomentada: na melhor das hipóteses 0,2% ou 0,3% da população adulta possui ações, realmente compensadoras, do mundo das sociedades anónimas" (isto nos EUA, mas por aqui poderemos avaliar do que se passa nos outros países capitalistas). Mais recentemente, o caráter mítico da *dispersão do capital acionista* foi igualmente posto em relevo num trabalho do Prof. G. William Domhoff, onde se apontam conclusões no sentido de que menos de 1% das famílias americanas possuem mais de 80% do capital das sociedades por ações dos EUA e de que apenas 0,2% detêm mais de 65% do total de ações.[87]

A ideia da *democratização do capital* fica assim reduzida a um castelo de cinzas. Além disso, é evidente que não passará de pura ficção considerar (co-)proprietários todos os que são donos de uma ou duas (ou meia dúzia...) de ações de empresas como, v. g., a *General Motors*, a *Standard Oil* e tantas outras, e considerar que todos os acionistas são *capitalistas*. Como é óbvio, só devem considerar-se como tal os que recebem rendimentos do seu capital que sejam pelo menos suficientes para lhes permitir viver sem ter que vender a sua força de trabalho.

O que fica dito parece ser o bastante para não se levarem a sério afirmações como as de Adolf Berle,[88] segundo o qual a difusão das ações "constitui, por um curioso paradoxo, uma forma imprevista de socialização da indústria, desenvolvendo-se rapidamente, mas sem a intervenção do estado." O "curioso paradoxo" não passa de um sofisma. Mas Berle vai mais longe: "o aparecimento e o desenvolvimento da grande sociedade por ações modifica a propriedade enquanto instituição quase tão profundamente como o fazem a doutrina e a prática comunistas." E o sofisma mostra a mistificação.

---

[86] Cfr. *The Power Edite*, p. 151 da trad. bras. (*A elite do poder*, Rio de Janeiro, Zahar Editores, 1962, onde podem colher-se informações mais pormenorizadas).

[87] Cfr. *Who roles America?* (1967), 45 (*apud* E. MANDEL, *Traité d'Économie Marxiste*, Paris, Union Générale d'Éditions, 1969, Col. 10/18, Vol. II, 103).

[88] Cf. *Les Grandes Unités*, cit., fonte das restantes transcrições deste autor.

14. A "revolução dos *managers*"

Um outro caminho que tem sido percorrido para concluir pela irrelevância do problema da propriedade dos meios de produção é o que anda à volta da chamada *revolução dos managers*, "revolução silenciosa" que se traduziria na expropriação dos antigos expropriadores pelos seus gerentes assalariados e pela substituição do poder que deriva da propriedade por um "poder sem propriedade".

É uma tese que transparece já no Keynes de *The End of Laissez-Faire* (1926), que apareceu pela primeira vez equacionada e desenvolvida no livro de Adolf Berle e Gardiner Means *Modern Corporation and Private Property* (1932), que foi definitivamente lançada como 'revolução' na obra de James Burnham *The Managerial Revolution* (1941), acabando por reaparecer recentemente sob uma nova capa (a *tecnostrutura*) nos trabalhos de J. K.Galbraith, particularmente em *The New Industrial State* (1967).

Poderá dizer-se que os defensores desta tese arrancam do desenvolvimento tecnológico e das exigências crescentes das atividades de administração e de gestão para demonstrar a impossibilidade de o proprietário individual controlar as informações necessárias à orientação das empresas e, a partir daí, explicar a crescente importância dos *managers* e o seccionamento da (antiga) propriedade absoluta em *propriedade* (uma propriedade limitada, uma *propriedade sem poder*, que cabe aos acionistas) e em *poder de direção sem propriedade* (que cabe aos gestores profissionais). Estes é que dirigem as empresas e a vida económica, atuando de acordo com uma lógica diferente da que era típica do proprietário-capitalista-diretor do século XIX. A lógica dos *managers*, da *tecnostrutura* não seria já a da valorização do capital, a da acumulação, mediante a obtenção do máximo lucro, mas sim uma lógica própria, com fins próprios, independentes dos interesses e da posição de proprietário, uma lógica que se traduziria em promover o aumento do crescimento da empresa, o aumento da sua dimensão e do seu poder, num compromisso que procuraria ir ao encontro não só dos interesses dos acionistas e dos administradores, mas também dos interesses dos trabalhadores, do estado e do público em geral e até dos interesses da "própria empresa como instituição"... A lógica derivada da propriedade privada dos meios de produção estaria ultrapassada e a 'revolução' aconteceria apenas em função da revolução tecnológica, sem tocar em nada o fundamental: a natureza das relações de produção e do sobreproduto e a classe a quem cabe o controlo deste.

A antiga classe dominante (proprietários dos meios de produção) teria sido substituída nos EUA (e, tendencialmente, sê-lo-ia nos outros países capitalistas) por uma *tecnocracia puramente neutral* ("a purely neutral technocracy"), que "equilibra exigências diversas de diferentes grupos na comunidade, atribuindo a cada qual uma parte do fluxo de rendimento, à base da política pública e não da cupidez privada."[89] Daí resultaria uma nova lógica para o sistema, pois essa *tecnocracia* iria adotar um comportamento que pode ser considerado 'responsável': não há demonstração de cobiça ou ganância; não há tentativa de transferir para os trabalhadores ou para a comunidade grande parte dos custos sociais da empresa. A *corporation* moderna – conclui Carl Kayzen[90] – é uma *empresa dotada de alma* ("a soulful corporation").

Na esfera da atividade económica dominada pelas sociedades por ações, o sentido da presença da propriedade privada apresentar-se-ia muito diferente do que lhe seria próprio no seio do modo de produção capitalista. No mundo das grandes sociedades por ações (o "subsistema industrial" de que fala Galbraith, por contraposição ao "subsistema do mercado"), "a propriedade privada – defende A. Berle – é em grande medida motivada pelo desejo de evitar que a totalidade dos poderes seja concentrada nas mãos do estado, assegurando assim um grau de liberdade individual que seria reduzido se houvesse confusão da função económica e da função política."

Quer dizer: a propriedade privada dos meios de produção não teria hoje o significado económico e social da propriedade capitalista. Berle fala de "erosão do conceito clássico de propriedade privada." E Schumpeter vai mais longe ainda: em seu entender, a evolução do capitalismo "desvitaliza a noção de propriedade", opera a "evaporação do que podemos chamar a substância material da propriedade", "afrouxa o domínio, outrora tão forte, do proprietário sobre seu bem", tudo isto de tal forma que, dentro da estrutura das sociedades anónimas gigantes (dirigentes assalariados, grandes e pequenos acionistas), "ninguém adota sem reserva a atitude que carateriza o curioso fenómeno, tão pleno de sentido, mas em vias de desaparecimento tão rápido, que a palavra Propriedade exprime" – "a figura do proprietário e, com ela, olho do patrão desapareceram de cena."[91]

No mesmo sentido vai a opinião sustentada por Tinbergen na entrevista que concedeu ao *Jornal do Fundão*: "toda uma série de compo-

---

[89] A. Berle e G. Means, *ob. cit.*, 356.

[90] Cfr. "The Social Significance of the Modern Corporation", em *American Economic Review*, maio/1967, 313/314.

[91] Cfr. *Capitaliam, Socialiam and Demcracy*, Londres, 1943, 141/142.

nentes da propriedade foram já nacionalizados. Como dizem outros economistas, a propriedade privada já foi *creusée*."[92]

'Desvitalizada', 'evaporada' a propriedade privada, desaparecida a figura do proprietário, o passo seguinte é, por um lado, a equiparação dos *managers* das grandes *corporations* aos diretores das unidades de produção em economia socialista. Este o entendimento de Berle, de Bunham e também, além de outros, o de Tinbergen: "As economias ocidentais – escreve ele[93] –, do mesmo modo que as comunistas, são em larga medida dominadas pelos *managers*. No Ocidente, os acionistas já não dispõem de um poder efetivo". E é, por outro lado, a negação do caráter privado das grandes sociedades anónimas e (ou) a sua equiparação às empresas de estado socialistas (opinião igualmente sufragada pelos adeptos da *teoria da convergência dos sistemas*).

Tudo isto para concluir que, se é o poder que conta e não *a propriedade*, capitalismo e socialismo se encontram *superados* por um novo modo de produção (a "sociedade dos gerentes", a "sociedade de tecnostrutura"), para o qual *convergiriam* aqueles dois.

Como consequência do progresso tecnológico – concluem paralelamente os ideólogos da "sociedade industrial" –, acontece que o verdadeiro salto qualitativo não é o que distingue o socialismo do capitalismo, mas o que distingue e contrapõe, a todas as outras formas de organização económico-social, a "sociedade industrial".

---

[92] A. Comte afirmara já que "pouco importa aos interesses populares em que mãos se encontrem habitualmente os capitais" (cfr. o trecho transcrito *supra*, nota 64). E Keynes sustentou também, na *General Theory* (edição MacMillan, Londres, 1936, p. 378) que "o estado não tem interesse em chamar a si a propriedade dos meios de produção. Se ele é capaz de determinar o volume global dos recursos consagrados ao aumento desses meios e a taxa base da remuneração concedida aos seus detentores, terá realizado tudo o necessário. As medidas indispensáveis de socialização podem, aliás, ser aplicadas de modo gradual e sem revolucionar as tradições gerais da sociedade." Keynes, defende, portanto, que o estado não carece de chamar a si a propriedade dos meios de produção para poder realizar a função que lhe cabe. Só que Keynes é capaz da coerência de não se dizer socialista e de não sustentar que as suas propostas conduzem ao socialismo. Antes pelo contrário: deixa bem claro (*ob. cit.*, 380) que o "alargamento das funções do estado", que ele propõe, as tais "medidas indispensáveie de socialização" são o "único meio de evitar uma completa destruição das instituições [capitalistas] atuais." Para realizar um tal objetivo, o estado não precisará, evidentemente, de abolir a propriedade privada dos meios de produção. Keynes tem, como se vê, a vantagem de falar claro.

A tese de que perdeu significado e importância a propriedade (privada) dos meios de produção é a que resulta do livro de Gunnar Adler-Karlsson, que Tinbergen refere. Logo na pág. 7 de *Functional Socialism – A Swedish Theory for Democratic Socialization* (Estocolmo, Prisma, 1967), o autor sustenta que "atualmente, a propriedade formal dos meios de produção é uma questão secundária, tal como tem sido amplamente provado pela experiência socialista sueca. O que é de primeira importância – segundo Karlsson – é a distribuição na sociedade das funções políticas e económicas que se ocultam debaixo da propriedade formal."

[93] Artigo cit., em *Mondo Economico*, agosto/1961, 28.

15. As grandes empresas ditas privadas

Mas, afinal, as sociedades anónimas gigantes já não serão empresas privadas? Assim o entende Tinbergen, que, na entrevista ao *Jornal do Fundão,* nota que "não se deve crer que as grandes empresas ditas privadas o são realmente. É preciso não esquecer que as suas atividades são limitadas por toda uma série de leis, pagam quase metade dos seus lucros sob a forma de impostos, devem manter uma certa duração de trabalho prescrita pela lei e são, enfim, fortemente limitadas na sua liberdade de ação." (v. g. medidas respeitantes ao controlo de qualidade, à poluição das águas e da atmosfera, à atividade de construção, etc.).

Poderá concluir-se, das 'limitações' apontadas por Tinbergen, que tais empresas *já não são privadas?* Afirmá-lo é, a meu ver, estar simplesmente a jogar com as palavras. Parece-me que não poderá deixar de entender-se que se trata de empresas que estão apropriadas em regime de *propriedade privada,* que laboram mediante o recurso ao trabalho assalariado com vista à obtenção de lucros que serão apropriados *privadamente* pelos acionistas (quer lhes sejam distribuídos sob a forma de dividendos, quer fiquem em reserva da empresa com vista a novo investimento). A este ponto voltarei no número seguinte, quando analisar a lógica do comportamento dos *managers.*

Quererá então significar-se que essas empresas perderam a sua autonomia (privada) de decisão, que são estreitamente controladas pelos poderes públicos, postas coativamente ao serviço de interesses públicos? É verdade que o estado intervém hoje largamente na esfera económica. Mas também é verdade que, hoje em dia, são as próprias grandes empresas que se manifestam a solicitar a presença do estado e a propor uma 'colaboração' (ou concertação) cada vez mais estreita entre a Administração Pública e o setor privado. E todos concordarão com a opinião – insuspeita – do Prof. Ugo Papi quando sustenta que "esta ingerência do estado na vida económica conduz a *subtrair,* primeiro os indivíduos e depois as empresas, a certos riscos. Economicamente falando, esta atitude identifica-se com um *princípio de segurança.*"[94] A intervenção do estado não poderá entender-se, com efeito, como uma *limitação* ou um *desvio* imposto aos próprios objetivos das empresas (particularmente das grandes empresas), mas antes como uma *diminuição de riscos* e uma *garantia de segurança* maior na prossecução dos fins últimos da acumulação capitalista.

---
[94] Referência colhida em E. MANDEL, *Traité,* cit., vol. III, 206.

É com certeza demasiado simplista o entendimento de que, nas condições atuais, o capitalismo se carateriza pelo facto de os grandes monopólios dominarem o aparelho do estado e o 'submeterem' às suas determinações. Tal entendimento pressuporia, por um lado, a unidade do bloco monopolista, a ausência de conflitos de interesses entre as grandes empresas, e, por outro lado, esqueceria uma certa autonomia na atuação do estado, muitas vezes no sentido de servir aos interesses últimos do sistema, atenuando a 'anarquia' resultante dos conflitos entre grupos monopolistas concorrentes ou rivais. Mas uma tal observação não poderá anular o fundo de verdade contido nestas palavras de Ch. Wright Mills: "Inevitável ou não, o facto é que hoje as grandes empresas americanas [e não só, acrescentarei eu] parecem mais estados dentro do estado do que simples companhias particulares."[95] Neste sentido, sim, poderá dizer-se que as grandes empresas já não são simples empresas privadas, pois a sua presença condiciona a vida de milhares (ou milhões) de pessoas e o seu poderio não deixa de marcar a atuação dos poderes públicos.[96]

Simplesmente, esse caráter 'público', para-estatal, da grande empresa manifesta-se apenas unilateralmente: no aspeto do poder, que

---

[95] Cfr. *A elite do poder*, trad. bras. cit., 155.

[96] Isto mesmo compreender-se-á melhor se tivermos presente que entre "as grandes empresas ditas privadas" [nas palavras de Tinbergen], estão, por exemplo (ainda aqui a América fornece os exemplos mais sugestivos): a United States Steel, que só por si produz tanto aço como a Alemanha Ocidental; a General Motors, cujo volume de negócios é sensivelmente igual ao orçamento francês; a Standard Oil, cujo ativo é superior ao valor do estoque de ouro dos EUA; a General Electric, que ocupa tantos investigadores como toda a França, etc., etc.

De resto – como salienta Ch. W. MILLS, *ob. e loc. cit.* na nota anterior –, "as grandes empresas controlam as matérias-primas e as patentes de invenção para as transformar em produtos acabados. Controlam os mais caros talentos jurídicos – e, portanto, os melhores – do mundo, para inventar e aperfeiçoar-lhes defesas e estratégias. Empregam o homem como produtor e fabricam ao coisas que ele compra como consumidor. Vestem-no, alimentam-no e investem o seu dinheiro. Fabricam o equipamento com que vai à guerra e fabricam o estardalhaço publicitário e as asneiras obscurantistas das relações públicas, que o cercam durante e entre as guerras."

E o insuspeito Adolf Berle (*The Twentieth Century Capitalist Revolution*, cit., 131/132) não teve dúvidas em escrever que "algumas das maiores empresas [que operam em países estrangeiros] recebem regularmente relatórios pormenorizados acerca da atitude e das capacidades dos funcionários diplomáticos americanos, classificando-os de acordo com a sua provável utilidade para fazer progredir ou proteger os interesses da empresa."

Há bem pouco tempo, aliás, os jornais publicaram um telegrama da Reuter despachado de Nova York (28.10.1971), em que as anunciava ao mundo o *American Way of Democracy*: sessenta milionários reuniram-se naquela cidade e decidiram que, futuramente, os candidatos à Presidência [Presidência dos EUA] só poderão contar com o seu apoio financeiro nas campanhas eleitorais se, antecipadamente, tomarem determinados compromissos políticos. O industrial Howard Samuels, organizador da reunião, explicou aos jornalistas que "aquilo que os homens de negócios vão dizer aos políticos ó o seguinte: se vocês querem o nosso dinheiro, nós queremos de vocês, em troca, alguma coisa que mostre que reconhecem a decadência do sistema e que estão dispostos a tomar medidas para o curar." Um informador do grupo não deixou, *naturalmente*, de declarar que os milionários discutiram a possibilidade de empregar a influência que lhes dá o seu dinheiro "para defenderem os interesses fundamentais do país"...

não no aspeto da responsabilidade. E essa contradição do capitalismo contemporâneo – entre, por um lado, o espetacular poder de constrição social da grande empresa e, por outro lado, os débeis ou inexistentes meios de defesa daqueles que caem sob a sua alçada (operários, consumidores, habitantes das áreas de implantação dessas empresas) – essa contradição (que já se tem pretendido resolver através de medidas que considerassem as empresas limitadas pelas liberdades e garantias em regra constitucionalmente asseguradas aos cidadãos perante o estado) só será verdadeiramente superada pela eliminação do poder das empresas privadas, pela transferência dele para a coletividade, para um estado que absorva aquele poder e o exerça no interesse da coletividade.

Nem parece, por outro lado, que possa dizer-se que a liberdade de ação dos empresários tenha sido seriamente limitada pela chamada *legislação anti-trust*,[97] sobretudo neste tempo em que os meios ligados ao Mercado Comum sustentam que "o fim a atingir é fazer da C. E. E. um mercado de oligopólios"[98] e em que os governos dos países que participam nos movimentos de integração económica vêm atuando sistematicamente no sentido de facilitar e incentivar por todos os meios as fusões e associações entre empresas privadas (e até entre empresas privadas e empresas públicas[99]). Aliás, a ineficácia da legislação antimonopolista fica claramente em evidência se nos lembrarmos de que o grau mais elevado de concentração capitalista se atingiu até ao momento nos EUA, país onde surgiram as primeiras leis anti-trust (o *Sherman Act* é de 1889) e onde mais abertamente se procurou reagir contra esse fenómeno que Marx apontou pela primeira vez como uma das leis do desenvolvimento capitalista. A este propósito, parece-me que Galbraith tem razão quando afirma que "as leis anti-trust, procurando preservar o mercado, são um anacronismo no mundo maior da planificação industrial", concluindo que tais leis apenas "aumentam a ilusão do controlo pelo mercado" (prestando assim, como é bom de ver, um serviço aos monopólios), mas "são inofensivas para as grandes empresas."[100]

De quanto fica dito parece poder concluir-se que as grandes empresas são suficientemente poderosas para não terem que vergar-se ao peso de limitações que lhes pretendessem impor de fora, sobretudo

---

[97] Assim o entende, porém, Jan Tinbergen (cfr. *ob. cit.*, em *Mondo Economico*, 28).

[98] Cfr. André MARCHAL, "Nécessité économique des fusions et concentrations intra-communautaires", em *Problèmes Économiques,* n° de 4.7.1968, 6.

[99] Cfr. Uma nota minha sobre "Novos Aspectos da Concentração Capitalista", em *Vértice*, ago./set./1971, 688/689.

[100] Cfr. *The New Industrial State*, trad. bras., cit., 205 e 215.

tratando-se de limitações que contrariem os seus interesses, a lógica da acumulação privada capitalista, limitações de tal natureza que possam legitimar a conclusão de que tais empresas já não são empresas privadas.

Keynes, na *General Theory*, pôs a questão a claro: "O alargamento das funções do estado [do qual resultariam, de um modo ou de outro, as 'limitações' a que se refere Tinbergen] (...) pareceria a um publicista do séc. XIX ou a um financeiro americano de hoje uma horrível infração aos princípios individualistas. Eu defendo-o, pelo contrário – acrescenta Lord Keynes –, não só como o único meio de evitar uma completa destruição das instituições económicas atuais [leia-se: do capitalismo] mas também como a condição de um exercício bem sucedido da iniciativa individual."[101]

16. A empresa "dotada de alma"

A ideia de que as grandes empresas "ditas privadas" o não são realmente poderá, em último termo, ligar-se à aludida concepção da "soulful corporation", da *empresa dotada de alma* (C. Kaysen), à tese de que as grandes sociedades anónimas e os seus administradores "não podem ignorar a sua responsabilidade determinante para com o público" (Berle). Segundo esta tese, as grandes sociedades anónimas seriam geridas por um corpo de administradores que tendem a perpetuar-se no poder (sem dependerem da vontade dos cionistas, afastados da direcção efetiva das empresas). Estas poderiam prosseguir e prosseguiriam efetivamente fins e interesses diferentes dos que derivariam da lógica da propriedade privada dos meios de produção. Os *managers* sentir-se-iam responsáveis perante a opinião pública e o peso da opinião pública faria nascer nesse corpo todo-poderoso de gestores profissionais uma noção de responsabilidade que os levaria a *não abusar* dos seus poderes e a conformar-se com os ideais da coletividade.

Este *efeito compensador* da opinião pública faria equilibrar o poder dos administradores das grandes empresas com uma espécie de *conscience du roi* que os colocaria, não ao serviço da valorização do capital, mas ao serviço dos interesses da coletividade. Sob o impulso dessa 'consciência', as próprias empresas deixariam de *comportar-se* em obediência ao espírito de maximização do lucro, para ganharem elas próprias uma *alma* que as levaria a prosseguir o interesse público:

---

[101] Cfr. *General Theory*, ed. cit., 380.

"A grande empresa – escreve A. Berle – não pode fazer da acumulação um fim em si, nem tem qualquer razão para o fazer. Não pode ser Crésus nem Harpagon. Tem de continuar a engrandecer-se à medida que a população e os níveis de vida se elevam. A sua função é, assim, a de estar ao serviço de uma comunidade mais extensa."[102]

Que dizer daquele *efeito compensador* que se afirma derivar da existência de uma opinião pública vigilante?

Será ela capaz de produzir a referida *conscience du roi*? Será ela capaz de 'limitar' a capacidade de decisão das grandes empresas? Ninguém duvidará, por certo, que a opinião pública é hoje, em certa medida, produzida em série: sai das rotativas da grande imprensa e dos canais da televisão. E ninguém duvidará também daquilo que é a realidade patente em todo o mundo capitalista: os jornais, a imprensa em geral, as cadeias de rádio, as redes de televisão ou são propriedade dos grandes grupos monopolistas ou são por estes controlados através da publicidade e outros meios. Não admira, por isso, que venha proliferando toda a espécie de literatura sensacionalista e de séries televisivas mistificadoras e alienantes. Quando algo se passa ou quando o ambiente é de molde a despertar reações da opinião pública desfavoráveis aos interesses instalados, é fácil desviar as atenções para questões mais inócuas e mais... impressionantes (escândalos das 'vedetas' dos mais variados setores, grandes acontecimentos desportivos, catástrofes naturais, etc.), de modo a preservar a 'paz de consciência' da *conscience du roi* das grandes empresas.[103]

Os administradores destes fortíssimos centros de poder não se cansam de proclamar que "a grande organização pode na realidade ter uma margem de opção menor nas decisões que toma do que a pe-

---

[102] Artigo citado na *Encyclopédie Française*, t. IX, 9.08.18. Este apelo à *função social* da grande empresa, encarada como uma espécie de "unidade económica ao serviço da Pátria", é um fruto importante dos defensores da *revolução dos managers*, dos ideólogos da *sociedade dos gerentes* ou da *sociedade industrial* encarada como modo de produção superador do capitalismo e (também) do socialismo; como, aliás, foi e continua a ser um ponto-chave de um outro sistema apresentado como *síntese* superadora do liberalismo capitalista (*tese*) e do socialismo (*antítese*), o *sistema corporativo*. A título de exemplo, atente-se no art. 2º do Estatuto do Trabalho Nacional (uma das pedras angulares da estrutura jurídica do Estado Novo português), nos termos do qual cabe às empresas, como pilares da organização económica da Nação, "realizar o máximo de produção e riqueza socialmente útil e estabelecer uma vida coletiva de que resultem poderio para o estado e justiça entre todos os cidadãos."

Aliás, como salienta Vital Moreira ("Sobre o poder económico", em *Vértice*, nº 333, out./ 1971, 780, nota 7), a própria "concepção da 'consciência social' dos managers não deixa de manter um curioso parentesco com as proclamações nazis e fascistas que viram no empresário o 'funcionário do bem comum', o 'curador dos interesses económicos nacionais', etc. A responsabilidade social do empresário faz parte também do ideário do 'estado social', outro dos grandes títulos da teoria política contemporânea."

[103] Cfr. Jacques Germain, *Le capitalisme en question*, Paris, Laffont, 1960, 194.

quena empresa, de poucos proprietários, que não se destaca tanto aos olhos do público e por isso não fica tão exposta à crítica."[104] Apesar da 'autoridade' de proclamações deste tipo, penso que a verdade está antes com aqueles autores (Galbraith, v. g.) que sustentam deterem as grandes empresas "capacidade para fixar os preços e os custos, para regular a oferta e a procura, para manipular a opinião pública e obter o apoio do estado", de tal forma que "os fins da tecnostrutura tendem a transformar-se nos fins aceites por toda a comunidade, a confundir-se com a política do estado."

Na já citada conferência no clube *Le Nouvel Observateur*, Galbraith vê neste domínio dos tecnocratas do subsistema industrial, sobre as pessoas e sobre o estado, o mal maior do sistema: "sendo a persuasão a base do poder da tecnostrutura, é à persuasão que é preciso resistir, é o credo que é preciso mudar. Para além da distorção que esta visão implica, os meios de *resistência* propostos não podem deixar de considerar-se ingénuos e utópicos, presos a uma espécie de saudade do século XIX e do liberalismo (como repassada de liberalismo é, aliás, toda a teoria galbraithiana dos *poderes compensadores*, uma nova *mão invisível*, uma nova forma da concepção clássica do equilíbrio automático).

"É preciso saber – escreve Galbraith[105] – que a publicidade e a persuasão fazem parte integrante do sistema pelo qual a tecnostrutura manipula as pessoas. É preciso resistir-lhe para nos tornarmos livres. (...) É preciso subtrair o estado ao domínio da tecnostrutura, (...) o que implica um ataque contra os serviços burocráticos que trabalham em simbiose com a tecnostrutura. (...) É preciso reforçar o poder legislativo para fazer dele um instrumento de resistência a tecnostruturas." Depois disto – conclui Galbraith –, "quando o público tiver adquirido uma consciência clara da natureza do sistema e quando o estado tiver adquirido a sua autonomia, ficará o caminho aberto para um certo número de reformas específicas."

Trata-se, como se vê, de colocar a *resistência* contra o capitalismo em termos que deixam inteiramente de lado a propriedade dos meios de produção, pondo o problema à maneira dos *utópicos* do século XIX (*convencer* as pessoas da injustiça, da irracionalidade do sistema, na esperança de que, assim tornadas *livres* as pessoas, o estado recobraria também a sua *autonomia*, podendo então fazer-se as *reformas* tendentes a *melhorar* o sistema), que não apoiavam os seus *projetos* revolucioná-

---

[104] Palavras de um presidente da Standard Oil of New Jersy, transcritas por P. Baran e P. Sweezy, *ob. cit.*, 22, nota 5 (trad. bras., p. 31, nota 5).
[105] Tradução a partir do texto publicado no número citado de *Le Nouvel Observateur*.

rios em nenhuma classe social, mas os confiavam à razão, ao testemunho e ao sentimento de justiça dos homens.

Perante o seu auditório parisiense, Galbraith confessa que não quer identificar com o proletariado as forças sociais em que apoia as suas propostas de "uma nova forma de socialismo"; que, ao falar de *estado-árbitro* e da *autonomia do estado*, quer significar que acredita "na *imparcialidade* e na *neutralidade* que *devem* caraterizar os *dirigentes* de um estado capaz de reconhecer as forças novas."[106] Todos estes ingredientes conduzem Galbraith a "uma nova forma de ação social ou, se se quiser, *uma nova forma de socialismo* que se dedicaria a levantar sistematicamente os setores fracos da economia, contrariamente ao *socialismo clássico*, que, em geral, se interessa sobretudo pelos setores mais sólidos e mais desenvolvidos. Organizar um vasto sistema de serviços que vão da habitação aos transportes urbanos passando pelos serviços municipais e a vida cultural da comunidade deveria ser muito naturalmente o objetivo que se proporia um socialismo deste tipo."

Há, como se vê, 'socialismos' de muitas espécies. Galbraith apresentou o *seu* socialismo. Mas não se livrou deste comentário de André Gorz: "Le réformisme parle et échoue". De resto, creio que do conjunto destas propostas de Galbraith bem poderá dizer-se o que W. Mills diz da teoria galbraithiana dos poderes compensadores: trata-se menos de uma 'teoria' do que de "uma proposta moral de ação estratégica"; é mais uma "esperança ideológica" do que uma "descrição da realidade", "mais dogma do que realismo."[107]

17. Existirá a "sociedade dos gerentes"?

E poderá dizer-se que as grandes empresas prosseguem agora – como resultado da gestão levada cabo pelos gestores profissionais – objetivos diferentes daqueles que são próprios de uma acumulação fundada na propriedade privada dos meios de produção? Esta é – já se viu – a tese de Berle, de Burnham, de Kaysen e de todos aqueles que tendem a identificar a atuação dos *managers* das grandes empresas capitalistas com a dos diretores das explorações socialistas. Neste

---

[106] Cfr. *últ. ob. cit.* [sublinhados nossos. AN] Esta crença num estado desligado da estrutura económica da sociedade (a negação do estado como instrumento da classe dominante) é que leva Galbraith a declarar, por exemplo, "que não quereria que o Pentágono e o Departamento de Estado pudessem ficar limpos nessa questão [a guerra no Vietnam], em nome de uma fatalidade imperialista do capitalismo." A guerra não seria, pois, explicada em função da estratégia imperialista de um estado capitalista, mas sim pelo facto de serem *maus*, de cometerem *erros* os *dirigentes* deste estado. Punam-se e substituam-se os homens, salve-se o sistema!

[107] Cfr. *ob. cit.*, 157, nota.

lote de autores inclui-se também o Prof. Tinbergen, que parece ver diferenças apenas quanto ao "grau de liberdade nas decisões da produção. Os *managers* que dirigem as organizações industriais no Ocidente têm, sob este aspeto, uma liberdade bastante maior do que aquela que têm os *managers* nos países comunistas, onde um número de problemas ainda bastante considerável vem planificado do centro."[108]

Também Galbraith fala dos "fins próprios da tecnostrutura", construindo a partir deles um "sistema regido pela lei do crescimento", por contraposição a um outro "sistema regido pela lei do lucro" (capitalismo). Galbraith ainda concede que "o seu [da tecnostrutura] primeiro fim é, na verdade, assegurar um mínimo de lucros para garantir a sua independência. Mas, a partir daí – acrescenta –, o seu interesse é muito mais o de assegurar o crescimento da empresa do que o de aumentar os lucros, pois os lucros advêm aos acionistas, dos quais a tecnostrutura já não depende."[109]

Contra tal tese poderá logo objetar-se que esta *lei do crescimento*, de que fala Galbraith, quer se considere um *crescimento pelo crescimento* (inspirado por uma qualquer misteriosa ideia de grandeza...), quer se trate de um crescimento destinado a corresponder ao aumento da população ou à elevação dos níveis de vida (como sugere o último trecho referido de Berle), essa "lei do crescimento" não encontra explicação possível nos quadros de um sistema cuja finalidade (resultante das relações de produção em que assenta) é "a transformação de certa soma de dinheiro em uma soma de dinheiro maior" (Teixeira Ribeiro[110]). Quer dizer que, num modo de produção em que a iniciativa da atividade económica cabe aos detentores do capital, o crescimento da empresa não poderá conceber-se como um fim em si mesmo, só ganhando sentido como meio de valorização do capital.

E poderá acrescentar-se que a diferença entre a posição dos *managers* das grandes sociedades anónimas capitalistas e a dos diretores das unidades de produção socialistas não reside fundamentalmente – ao contrário do que sustenta Tinbergen – no maior ou menor grau de liberdade de manobra de que gozam uns e outros. O que importa saber é a quem pertence a propriedade das empresas, a quem pertence o sobreproduto, a quem cabe decidir do seu destino, a quem cabe a direção da economia. E ninguém duvidará de que as respostas a estas questões não serão as mesmas num caso e noutro. A liberdade de decisão de que gozam os *managers* é a 'liberdade' de atuarem por forma

---

[108] Artigo cit., em *Mondo Economico*, 19-29, agosto/1981, 28.
[109] Ver o texto publicado em Le *Nouvel Observateur*, número citado.
[110] *A nova estrutura da economia*, cit., 11.

a alcançar a máxima valorização do capital (próprio ou do 'patrão'); a liberdade de decisão de que gozam os diretores das explorações socialistas é a liberdade de adequarem a atuação destas à melhor realização das determinações planificadas fundamentais, pois a propriedade social dos meios de produção (e a consequente apropriação e controlo social do sobreproduto) torna possível fazer da satisfação das necessidades socialmente planificadas o móbil da atividade económica, afastando a valorização do capital, a obtenção de lucros, da posição de fim primeiro da produção, de 'motor' ou critério orientador das decisões económicas.

Se assim se não entender, então a coerência obriga a levar o discurso até onde o levou James Burnham, incluindo na sua "sociedade dos gerentes" as economias da União Soviética, dos Estados Unidos da América e da Alemanha nazi.[111] E talvez agora, levado o raciocínio a este ponto extremo, se conceda que, na verdade, se estão a misturar e a confundir situações radicalmente diversas. No comentário jocoso de Francesco Forte[112], "o facto de as 'cozinhas' serem governadas por cozinheiros profissionais em vez de o serem por donas de casa não significa que os menus sejam idênticos e nem sequer que a maneira de confecionar um dado menu e as suas caraterísticas se equivalham." O que importa, na verdade, é saber quem dá as ordens ao cozinheiro, qual a situação dos que vão confecionar o menú e quem o vai comer...

18. O *manager*... e o *boss*

Nesta perspetiva é que interessará estudar qual o verdadeiro estatuto dos *managers* (da *tecnostrutura*) numa sociedade capitalista. Serão uma *classe neutra*, uma espécie de *classe acima das classes*? Integrarão a classe capitalista (monopolista) dominante (e) ou estão ao serviço dela?

Logo em 1940-1941, estudos levados a efeito nos EUA, sob os auspícios do Governo, pela *Securities and Exchange Commission*, vieram deitar por terra a tese que via nos *managers* uma "nova classe",

---

[111] Para uma perspetiva crítica das teses sustentadas por J. BURNHAM em *The Managerial Revolution*, cfr. P. SWEEZY, *The present as history – Essays and Reviews on Capitalism and Socialism*, na trad. bras., Rio de Janeiro, Zahar, 1985, sob o título *Ensaios sobre o Capitalismo e o Socialismo*, 40-66.

[112] Cfr. *Introduzione alla Politica Economica*, trad. port. (*Política Económica*, vol. 1), Lisboa, Presença, s. d., 188.

uma "classe neutra".[113] De acordo com esses estudos, em cerca de 140 das 200 empresas não-financeiras de maior porte, "o número de ações nas mãos de um só grupo de interesses era bastante grande para justificar, juntamente com outras indicações, tais como a representação na administração, a classificação de tais empresas como estando mais ou menos definitivamente *sob controlo dos proprietários*." [sublinhado nosso. AN]

À luz dos resultados a que chegou a referida Comissão, Paul Sweezy está em condições de afirmar que, mesmo nas sociedades em que a propriedade de ações desempenha papel relativamente secundário na seleção dos gerentes principais, estes, mesmo quando não possuam uma grande *percentagem* das ações da empresa, são em geral titulares de elevado número de ações, *em termos absolutos*, "de modo que os seus interesses mostram-se, em grande parte, idênticos aos do grupo de proprietários." "Dizer que tais homens estão 'separados' da propriedade, em qualquer sentido importante, é evidentemente falso" – conclui o economista americano.[114]

Mais tarde, as investigações de C. W. Mills sobre a origem social dos *managers* vieram demonstrar que eles são membros dos estratos superiores da classe dominante, provindo, com raras excepções, do grupo dos "*muito ricos*".[115] É inegável que a realidade das sociedades por ações significa que a sua administração não sofre o controlo efetivo de todos os acionistas: o poder de controlo escapa, na prática, aos pequenos acionistas, o que, aliás, representa uma vantagem para os grandes, que ficam a dispor do dinheiro dos pequenos e beneficiam da concentração do poder económico nas suas mãos, em medida muito superior à que derivaria apenas do seu próprio capital. Mas o reconhecimento disto mesmo não atribui qualquer fundamento sério à tese de que o poder económico cabe agora a indivíduos que não detêm a propriedade dos meios de produção, a tese que afirma como dominante o *poder sem propriedade* ("power without property", título de um conhecido livro de Adolf Berle).[116]

---

[113] Tese que tem a sua expressão mais acabada nas já referidas obras de Berle e Means (*The Modern Corporation and Private Property*, 1932), de J. Burnham (*The Managerial Revolution*, 1941) e em obras posteriores de A. Berle (particularmente *The Twentieth Century Capitalist Revolution*, 1964), e que, curiosamente, vem a ser apadrinhada por Henry Ford II, num discurso de 1966 perante a Associação Americana de Diretores de Jornais, em que falou de "uma nova alasse de administradores profissionais, dedicados mais ao programa da empresa do que ao enriquecimento de uns poucos donos." (*apud* P. Baran e P. Sweezy, *ob. cit.*, 30 (p. 40 da trad. brasileira).

[114] Cfr. P. Sweezy, *Ensaios*, cit., 48.

[115] "Os muito ricos" é exatamente o título do cap. V de *A Elite do Poder*, cujos caps. VI, VII e VIII interessam muito especialmente para o ponto abordado no texto.

[116] Adolf Berle, *Power Without Property – A New Development in American Political Economy*, Harcourt Brace, Nova York, 1989.

A verdade é que os administradores que controlam as sociedades por ações (*the managerial stratum*) constituem "o grupo mais ativo e influente da classe dos proprietários", como salientam Baran e Sweezy: "os *managers* estão entre os maiores proprietários; e, em virtude das posições estratégicas que ocupam, eles funcionam como protetores e porta-vozes de toda a propriedade em grande escala (*large-scade property*). Longe de serem uma classe à parte (*separate dass*) – concluem os autores de Monopoly Capital – [os *managers*] constituem na realidade o escalão principal da classe dos proprietários."[117]

E, quando assim não for (i. é, quando os *managers* não são eles próprios acionistas e até grandes acionistas), sempre acontecerá que os gestores profissionais não passam de instrumentos mais ou menos eficientes (mas sempre subordinados) dos detentores do grande capital, em relação aos quais se comportam, pura e simplesmente, como 'guarda avançada', 'burgomestres' e porta-vozes. "A situação (...) de um *manager* de empresa na América – escreve L. L. Matthias [118] – oferece uma certa semelhança com a de um operário. (...) De maneira geral o *manager* não é senhor na sua empresa. Não é mais que o diretor-geral ou presidente de um *board* qualquer e nove em cada dez vezes o protegido de um outro. O outro, o que manda, é o *boss*, o patrão. (...) Como qualquer operário, o *manager* perdeu a maior parte da sua liberdade e acontece-lhe por vezes ver ditar a si próprio a sua norma de produção, como ao último dos subalternos. Deve submeter-se ou demitir-se" – conclui Matthias.[119]

Aliás, o desenrolar das fusões de empresas, que se têm sucedido a um ritmo acelerado nos últimos anos, tem posto a claro que aos (grandes) acionistas cabe, efetivamente, a última palavra na direção da vida das grandes empresas. Com efeito, nas 'manobras' que sempre acompanham tais operações, a vitória acaba por pertencer aos que conseguirem agrupar mais ações (quanto aos *managers*, o seu futuro depende inteiramente do resultado da luta). Mais uma razão, esta,

---

[117] *Ob. cit.*, 34/35 (trad. bras., 43/44). E a mesma clara afirmação pode encontrar-se em T. B. BOTTOMORE (*Elites and society*, 1970, 79ss): "os administradores de mais elevada categoria (*top managers*) e os proprietários estão a tal ponto intimamente ligados, que constituem, em regra, um mesmo grupo social."

[118] Tradução portuguesa de *Die Entoeckung Américas* (1953), sob o título *A autópsia dos Estados Unidos*, Lisboa, Ulisseia, s/d, 62/63.

[119] Matthias cita, a este respeito, a autobiografia de Lincoln Steffens (1931), que considera o mais famoso jornalista americano do seu tempo. De regresso a Wall Street, Steffens refere que encontrou antigos empregados subalternos a ocupar posições de presidentes de bancos, de *trusts* ou de outras sociedades e comenta: "Sentiam-se cheios de orgulho e não deixei de os felicitar. No entanto, depois de os ter encontrado por diversas vezes, verifiquei que continuavam a ser subordinados. Lembravam-me burgomestres."

para se poder concluir, com E. Gaument,[120] que "o poder real, no interior das sociedades, pertence, pois, sempre aos acionistas, ou, melhor dizendo, aos mais importantes entre eles."

Esta a situação autêntica dos *managers*: não podem servir a outro senhor que não o capital (porque "não há justificação para se concluir que a administração em geral está divorciada da propriedade em geral"), nem podem 'comportar-se' de acordo com outra lógica que não seja a do capital (porque "o coração e a essência da função capitalista é a acumulação: a acumulação foi sempre o móbil primeiro do sistema, o centro dos seus conflitos, a origem dos seus triunfos e dos seus desastres.")[121]

A lógica do lucro continua a marcar o 'comportamento' dos *managers* e das grandes sociedades anónimas. O capital só aspira à sua máxima valorização, aspiração que se concretizará não no alcançar de um *optimum absoluto*, mas do máximo lucro possível (*the highest practicable profit*), em função do futuro e não apenas de cada momento considerado. A necessidade de crescimento das empresas (imposta pelas exigências do progresso técnico e da concorrência) e a sua crescente autonomização em face do financiamento externo (*autofinanciamento*) levam as empresas à constituição de grupos de estudo compostos por especialistas cuja missão é não só a de propiciar lucros ao capital, mas a de descobrir novas oportunidades de lucros, de lucros elevados e crescentes (nas suas taxas e nos seus valores globais). Só assim as empresas podem distribuir dividendos razoáveis, pagar elevados honorários aos seus administradores e dispor de lucros que não distribuem (*retained earnings*), para assegurar o financiamento da sua própria expansão. A acumulação em ritmo e volume cada vez mais acentuados é a exigência objetiva fundamental do modo de produção capitalista. E tenho por correta a conclusão de Baran e Sweezy no sentido de que "não pode haver dúvida de que a obtenção e a acumulação dos lucros ocupam hoje uma posição mais dominante do que nunca", de que a atual "economia de grandes empresas é mais, e não menos, dominada pela lógica do lucro do que alguma vez o foi a economia de pequenos empresários."[122]

Do que fica dito poderá concluir-se que a expansão das (grandes) sociedades por ações não trouxe, como consequência, a 'morte' da propriedade privada dos meios de produção, nem a sua 'destruição' como ponto de partida do modo de produção capitalista. Antes

---

[120] *Ob. cit.*, 33.
[121] Baran e Sweezy, *ob. cit.*, 34 e 44 (trad. bras., 44 e 52).
[122] *Ob. cit.*, 28 e 43/44 (trad. bras., 37 e 52).

pelo contrário: o desenvolvimento das sociedades por ações significa o desenvolvimento de uma das leis fundamentais do capitalismo – a *lei da concentração capitalista*. Tais sociedades revelam-se, efetivamente, um poderoso instrumento de *centralização* de capitais e um meio altamente potenciador da *concentração* do poder económico em um número reduzido de grandes empresas e, no seio destas, em um número reduzido de grandes acionistas.[123] O fenómeno da dissociação entre a *propriedade* e o *poder* tem, pois, o significado de uma 'expropriação' do grande número de pequenos acionistas (afastados do poder) por um número restrito de grandes acionistas (nos quais se concentra todo o poder, acrescentando aos poderes que lhes advêm da sua propriedade aquilo a que um autor chamou "o poder sobre a propriedade de outrem"). O fenómeno não tem, portanto, nada de extravagante na lógica do capitalismo, antes é perfeitamente paralelo ao movimento de 'monopolização' ao nível das empresas, concretizado na 'expropriação' ou no 'domínio' das pequenas empresas pelas grandes. Cumpre--se a lógica da acumulação capitalista, não se subverte, nem se anula a importância da propriedade privada dos meios de produção.

O 'comportamento' dos *managers* é, pois, um comportamento enfeudado à lógica do capital, não tendo qualquer sentido falar-se de conflito entre os interesses dos *managers* e os interesses dos proprietários (acionistas), conflito em que prevaleceriam os *interesses específicos da tecnostrutura* desligada da propriedade dos meios de produção. A atuação dos gestores profissionais tem de entender-se no quadro de um processo de *expropriação de facto* dos pequenos acionistas em favor dos grandes, processo que a atuação dos *managers* favorece objetivamente, abrindo um conflito que não será entre *managers* e proprietários (acionistas), mas sim entre os grandes acionistas (que os *managers* são

---

[123] Este fenómeno de concentração do poder nas mãos dos grandes acionistas tem visto os seus efeitos potenciados à medida que vêm ganhando importância os chamados investidores coletivos (*institutional investors*). Além dos bancos, detêm importantes carteiras de ações as companhias de seguros de vida, as caixas de aposentação e previdência, bem como as sociedades de investimento e os fundos de investimento, instituições que têm vindo a exercer atração crescente sobre os indivíduos interessados na colocação de capitais, dadas as vantagens de vária ordem que a *institucionalização da poupança* pode propiciar. Simplesmente, todas estas instituições (salvo os bancos) adquirem ações com o fim de *colocar* capitais e não com o fim de *controlar* os negócios das empresas em cujo capital participam. Este objetivo de *colocação de capitais* impõe-lhes certas regras de atuação (por vezes consignadas na lei) que as levam a não se comprometerem com a vida das empresas de que são acionistas, preocupando-se apenas em assegurar para os capitais que colocam a maximização do binómio rendimento-segurança e desinteressando-se do exercício dos seus poderes de acionistas. Se não concordam com o rumo dos negócios de uma dada empresa, limitam-se a vender as respectivas ações e a colocar o dinheiro em ações de outra(s) empresa(s) ou em obrigações (ou títulos da dívida pública). Trata-se, como se vê, de fenómeno que amplia os efeitos de concentração do poder económico, mas que não pode entender-se como 'alimento' da tese do *poder sem propriedade*, antes terá de interpretar-se dentro da perspetiva que se aponta no texto.

ou representam) e os pequenos acionistas, entre aqueles que Joan Robinson[124] chama os *insiders* (grandes acionistas que participam na gestão da empresa) e os *outsiders* (pequenos acionistas passivos, proprietários de ações que consideram apenas como *títulos de rendimento*).

Diz-se que o *manager*, o *organization man*, pugna mais no sentido de aumentar os fundos para autofinanciamento da empresa do que os lucros a distribuir pelos accionistas e conclui-se que esta é uma prova de que os *managers* estão ao serviço de outros interesses que não os dos proprietários do capital. Ora, o que acontece é que esse comportamento dos *managers* acaba por coincidir com os interesses dos grandes acionistas, que auferem grossos rendimentos mesmo com taxas de dividendos relativamente moderadas e que são os maiores beneficiários dessa *poupança forçada* (imposto aos pequenos acionistas). Dado o elevado nível dos seus rendimentos, os grandes acionistas sempre poupariam um montante pelo menos correspondente ao que a sociedade retém, e a poupança organizada pela própria empresa vem aumentar a cotação das ações (*ganho de capital* em regra tributado com taxas mais baixas do que as que incideriam sobre os rendimentos recebidos a título de dividendos). Em princípio, só os pequenos acionistas (interessados nas ações apenas como títulos de rendimento) pugnam por elevadas taxas de dividendos.[125] Como se vê, também por esta via se chega à única conclusão legítima: a *revolução dos managers* não passa de uma revolta de palácio. Não destronou os proprietários dos meios de produção (por esvaziamento do conteúdo do seu direito de propriedade) em favor dos *managers* (como nova classe dominante); antes afirma os interesses e acrescenta os poderes dos grandes à custa do sacrifício dos interesses dos pequenos acionistas e da anulação dos seus poderes.

Tendo em conta os resultados da análise da economia inglesa, o Prof. John Eaton conclui peremptoriamente que, "a despeito de formidáveis transformações nas formas da propriedade do capital e do controlo, a essência permanece a mesma, isto é, a propriedade e o controlo dos meios de produção continuam em mãos particulares e o emprego dos principais recursos económicos é governado pelos direitos

---

[124] Cfr. *The Accumulation of Capital*, Londres, 1956, 8.

[125] Sabe-se, aliás, que os grandes acionistas que controlam uma determinada sociedade impõem, muitas vezes durante anos, uma política de dividendos baixos (ou até de ausência de dividendos) a fim de 'cansar' os (muitos) pequenos acionistas, levando-os a vender as suas ações por baixo preço (por vezes abaixo do seu valor nominal). Uma vez senhores da totalidade (ou quase) das ações, os grandes acionistas deliberam então um aumento de capital por incorporação de reservas (aumento que se traduz na atribuição gratuita de ações aos antigos acionistas, da qual só os grandes beneficiam, uma vez 'expoliados' e afastados os pequenos) e passam a distribuir bons dividendos.

da propriedade privada dos meios de produção." Nestas condições, a conclusão só pode ser esta: "o sistema económico em que predominam tais caraterísticas é, por conseguinte, um sistema no qual a classe capitalista explora o trabalho assalariado da classe trabalhadora, controla o sobreproduto e ocupa uma posição de domínio social e político."[126] Este sitema económico é o *capitalismo*, não é nenhum *sistema misto* e muito menos uma qualquer espécie de *socialismo*.

Na opinião fundamentada do Prof. Sargant Florence,[127] "a direção e a decisão definitiva acerca das grandes linhas de ação (*top policy*) continuam a pertencer, em numerosas sociedades, aos maiores capitalistas detentores de ações", havendo "razões para acreditar que a revolução dos *managers* não foi tão longe como por vezes se pensa (ou se afirma sem pensar)." Quer dizer: tal 'revolução' não foi suficientemente forte para esconder o que está por trás dela: a redução da base social da classe capitalista dominante e o reforço da *ditadura do capital monopolista*.

19. O setor público: aliado útil e não perigoso rival

Resta abordar os últimos argumentos do Prof. Tinbergen no sentido de 'provar' a convergência dos dois sistemas (capitalismo e socialismo) em um *sistema misto*: "Além de um setor público importante onde se fazem cerca de uma quarta parte dos investimentos, existe ainda nas economias ocidentais uma planificação bastante profunda embora seja indicativa."

Relativamente à existência de um *setor empresarial do estado* (ou um *setor público da economia*) nos países capitalistas, o que interessa realçar não é tanto a sua diferente dimensão em comparação com o que se passa nos países socialistas, como o facto de a propriedade dos meios de produção caber a um estado que permanece capitalista, ao serviço dos interesses gerais do sistema. A existência de um setor público mais ou menos importante nem sequer tem permitido aos países capitalistas a sua utilização como meio de fazer cumprir o plano naqueles pontos em que os objetivos dos 'técnicos' possam não coincidir com os interesses dos todo-poderosos grandes grupos industriais. As várias formas de propriedade pública, longe de porem em perigo os grupos privados, têm-se revelado, paradoxalmente (ou talvez não...),

---

[126] Cfr. a tradução brasileira de *Socialism in the Nuclear Age* (Londres, 1961), sob o título *Socialismo Contemporâneo*, Rio de Janeiro, Zahar, 1962, 27 e 32/33.

[127] *The Logic of British and American Industry*, Londres, Routledge & Keagan Paul, 1965, 193.

como um dos meios de intervenção do estado capitalista na vida económica, por forma a assegurar as condições mais favoráveis ao desenvolvimento das instituições capitalistas (ou a "evitar uma completa destruição das instituições atuais", nas palavras, citadas, de Keynes).

O estado adquire, muitas vezes, a propriedade de indústrias ou ramos em dificuldades financeiras, ou que apresentam riscos excessivos na sua exploração, ou que oferecem baixas taxas de lucro ou só dão lucro ao fim de vários anos de exploração – ramos pouco atrativos para o setor privado, mas necessários para o desenvolvimento da produção em geral. Outras vezes o estado é o proprietário de empresas fornecedoras de matérias-primas (setor mineiro, v. g.) ou de serviços diversos (energia, transportes) de que as grandes empresas privadas são os principais clientes, beneficiando, nessa qualidade, de condições e tarifas particularmente favoráveis. E nem o facto de o estado controlar, em alguns países, uma parte importante do setor bancário lhe permitirá um 'domínio' significativo sobre as grandes empresas privadas, que recorrem cada vez mais intensamente ao *autofinanciamento*.

A situação é de tal forma clara que os interesses privados – que inicialmente reagiram contra a intervenção sistemática do estado na economia e contra todas as formas de propriedade pública – aceitam hoje, serenamente, a propriedade do estado tal como ela se verifica nos países capitalistas: "a empresa particular – escreve o Prof. Andrew Shonfield [128] – acabou por considerar o grandemente reforçado setor público menos como um perigoso rival do que como um aliado útil, de facto, quase como uma garantia, pois era agora tão vasto e maciço que não poderia mover-se na direção errada, por um instante sequer, sem fazer encalhar o barco todo." Ainda neste aspeto, portanto, a presença do estado na vida económica é considerada como uma *garantia* para o setor privado e não como atuação que vise *fazer encalhar o barco capitalista*.

20. A planificação, elemento essencial do socialismo

Escreve o Prof. Tinbergen: "Existe ainda nas economias ocidentais uma planificação bastante profunda embora seja indicativa." Na verdade, *a planificação pública* é hoje prática corrente nos países capita-

---

[128] Cfr. Andrew Shonfield, *Modern Capitalism – The Changing Balance of Public and Private Power*, Londres, 1965, 224 (trad. bras., *Capitalismo Moderno*, Rio de Janeiro, Zahar, 1965, 329).

listas.¹²⁹ Mas trata-se de *planificação indicativa*, o que poderá significar que tal 'planificação' nada tem que ver com a *planificação imperativa*, tal como é entendida e praticada nas economias socialistas.

Em geral, os autores consideram a existência de um *plano imperativo* como elemento essencial do socialismo.¹³⁰ E a verdade é que a planificação da economia iniciou-se com o advento do socialismo na União Soviética, sendo a existência do plano consagrada constitucionalmente na Lei Fundamental de 1924.¹³¹

Como *elemento essencial do socialismo*, a planificação "expressa o facto de que a economia socialista não se desenvolve de um modo elementar, antes é dirigida e orientada conscientemente pela sociedade. A planificação – ensina Oskar Lange¹³² – é um meio para submeter a atuação das leis económicas e o desenvolvimento económico da sociedade à vontade humana." Num sistema em que os meios de produção se encontram socialmente apropriados e em que, consequentemente, se verifica a apropriação social do sobreproduto, torna-se possível organizar metodicamente a produção, a repartição e a troca, distribuir racionalmente os recursos materiais, financeiros e pessoais (trabalho) pelas suas varias utilizações alternativas; fixar os preços e os salários, etc. Em tal sistema, o plano torna-se, portanto, no instrumento através do qual a sociedade pode exercer o seu controlo sobre as condições e os fins da produção e sobre o destino a dar ao excedente social que resulta da atividade produtiva.¹³³

Para cumprir a sua função de direção consciente do processo económico pela sociedade, o plano deve ser imperativo para todas as atividades de produção e deve dispor de meios capazes de determinar o ritmo de crescimento e a orientação do desenvolvimento. Todas as unidades de produção são obrigadas legalmente a cumprir o plano

---

¹²⁹ Naqueles países onde não existe a planificação institucionalizada, nem por isso os meios de intervenção do estado deixam de ser utilizados (será o caso dos EUA e da Alemanha Ocidental).

¹³⁰ Cfr. por exemplo A. C. Pigou e J. J. Teixeira Ribeiro, *cits*. Oskar Lange (*ob. cit.*, 37) é igualmente peremptório em afirmar que "a planificação económica ou, mais exactamente, a planificação do desenvolvimento económico é um elemento essencial do socialismo."

¹³¹ O primeiro plano a longo prazo foi o célebre GOELRO (plano de estado para a eletrificação da Rússia), apresentado em 1920 por iniciativa e sob a direção de Lenine. Em 1928 iniciaram-se os planos quinquenais.

¹³² Cfr. *ob. loc. ult. cit.*

¹³³ É claro que a ideia de *controlo social* da produção e do destino a dar ao sobreproduto implica uma ampla e consciente participação dos trabalhadores na elaboração e na execução dos planos. A este respeito, Tinbergen não deixa de reconhecer (*ob. cit.*, em *Mondo Economico*, agosto/961, 29) que "o grau de democracia industrial varia bastante nos dois tipos de países [capitalistas e socialistas]", acrescentando que nestes últimos "os trabalhadores têm a possibilidade de tomar parte nas discussões acerca dos planos económicos das empresas e acerca da utilização de uma parte dos seus excedentes."

(havendo sanções para o não-cumprimento) e o plano deve estabelecer qual a parte do rendimento da coletividade que irá ser destinada ao consumo e a parte a poupar , bem como o destino a dar à poupança em investimentos nos vários setores da produção (v.g. na produção de bens de produção ou na produção de bens de consumo), setores cuja atividade o plano deve coordenar por forma a eliminar os estrangulamentos e de modo a que o poder de compra da coletividade corresponda à produção de bens que hão-de ser destinados ao consumo privado.[134]

Tendo em conta estas caraterísticas da *planificação socialista* poderá afirmar-se que as reformas económicas introduzidas nos países da Europa de Leste e na URSS a partir de 1965 não vieram pô-las em causa e não alteraram o significado da planificação em regime socialista. Na sequência destas reformas abandonaram-se as práticas da *planificação quantitativa*, julgada tecnicamente inadequada perante as realidades atuais, por dificultar a cabal mobilização de todos os recursos, prejudicar o progresso técnico e provocar desperdícios e estrangulamentos na produção.

Simultaneamente, organizou-se um novo sistema de *indicadores de êxito*: o cumprimento do plano passou a aferir-se, fundamentalmente, pelos *resultados úteis da exploração* (pelo 'lucro', *hoc sensu*) e concedeu-se maior margem de liberdade às unidades de produção, para que possam criar condições de custos mais baixos e produzir os bens que correspondam às necessidades efetivas da comunidade.

Estas alterações – muito esquematicamente apontadas [135] – parece não terem vindo afetar a essência dos planos socialistas. O caráter social da propriedade dos meios de produção não foi posto em causa, nem o estado abandonou a sua vontade de planificar a produção e o desenvolvimento económico.[136] O princípio da planificação centralizada conserva toda a sua força, pois o estado continua senhor da política económica geral, cabendo-lhe determinar as proporções macro-económicas essenciais da economia (v. g. a planificação dos investimentos e a determinação dos objetivos de produção fundamentais) e determinar ainda a política dedesenvolvimento científico e tecnológico, a política dos salários, a política dos preços.

---

[134] Cfr. O. LANGE, *últ. ob.cit.*, 43/44.

[135] Para informações mais pormenorizadas pode ver-se uma antologia de textos que publicámos na *Revista de Direito e de Estudos Sociais,* Ano XV – n°s 1 e 2, jan-jun/1988, 36-181.

[136] O próprio Tinbergen o reconhece ao escrever (*ob. loc. ult. cit.*) que "não parece que haja perigo de as autoridades centrais [dos países de Leste] perderem o controlo sobre o desenvolvimento económico geral, como consequência da concessão de uma liberdade deste tipo [maior grau de liberdade nas decisões respeitantes à produção] aos *managers*."

A autonomia concedida às unidades de produção e a fuga à planificação demasiado pormenorizada não significam, pois, a restauração da propriedade privada dos meios de produção, nem da apropriação privada do sobreproduto social, nem sequer a atribuição a entidades privadas do poder de decidir acerca da utilização deste sobreproduto.[137] A adoção do 'lucro' como *índice de cumprimento do plano* não significa a restauração do lucro enquanto rendimento capitalista privado, sem relação com o trabalho. A busca do lucro não passa a ser o 'motor' da atividade económica, pois a obrigação e o objetivo principal das unidades de produção socialistas continua a ser a realização das metas definidas no plano central.

Uma especialista como a Prof.ª Marie-Louise Lavigne deixa esta questão muito clara. As reformas – escreve ela – trouxeram "um processo de aperfeiçoamento dos métodos de planificação e não um incitamento à maximização do lucro. As empresas não são encorajadas a realizar o maior lucro em quaisquer condições, mas apenas dentro da execução do plano de produção. Pode muito bem acontecer que o plano lhes imponha o fabrico de mercadorias que não são muito rentáveis. (...) As empresas serão obrigadas a fabricar os produtos exigidos, ainda que com as mesmas máquinas e as mesmas matérias-primas tenham a possibilidade de fabricar outros cuja venda seria para elas mais proveitosa. De resto, elas não podem dispor do lucro que realizam. (...) Embora se fale de lucro, trata-se de uma realidade cuja função é muito diferente da do lucro capitalista."[138]

"O uso do lucro – escreve, por sua vez, o Prof. Michael Kayser[139] – é dirigido a melhorar a conformidade com as determinações centrais essenciais, não a desviar-se delas, embora se possa observar uma certa flexibilidade na escolha da direção." Mas é claro que também esta autonomia (relativa) concedida às empresas socialistas não visa subtraí-las aos comandos imperativos do plano central, antes pretende criar-lhes condições mais favoráveis à prossecução dos objetivos últimos da planificação socialista: racionalização da produção e sua adequação às necessidades da comunidade.

---

[137] Oskar Lange (*ob. cit.*, 43) diz que na Polónia – e não é anedota mas pura verdade – até se especificava no plano nacional a produção dos pepinos em vinagre, (...) quantos coelhos deviam caçar-se por ano", isto enquanto "os botões e as molas eram mercadorias escassas pelo simples motivo de que o plano as havia esquecido."

[138] Cfr. "La réforme des méthodes de géstion économique en Union Soviétique: la discussion Libermann", em *Les Temps Modernes*, julho/1965 (também em *Problèmes Économiques* de 5.10.1965, 14ss, versão aqui utilizada).

[139] Em *Problemi Attuali della Pianificazione Sovietica*, Milão, Edizioni di Comunità, 1985, 95.

Tanto bastará para se poder concluir que as reformas operadas nos países socialistas da Europa não legitimam a conclusão dos ideólogos da convergência dos sistemas, no sentido de que tanto o Ocidente como a União Soviética superaram o estádio da economia de mercado, adotando ambos os sistemas um tipo comum de planificação, em condições de um poder crescente das empresas produtoras.

O sofisma de tal conclusão só ficará, porém, inteiramente a descoberto depois de analisarmos a natureza e significado da planificação indicativa utilizada nos países capitalistas. É o que se tentará a seguir.

21. O capitalismo e a 'planificação'

Assim como a concentração foi combatida e negada, durante muitos anos, em razão da paternidade marxista da respetiva teoria e em homenagem às virtudes do capitalismo de concorrência (identificado com o próprio capitalismo), assim também a planificação foi proscrita nos países capitalistas, já por se entender que planificação significava socialismo, já por se julgar a sua prática incompatível com a *liberdade de empresa*, considerada esta como ponto fundamental da 'filosofia' inspiradora do capitalismo.

Esta era, porém, uma atitude 'idealista' que não resistiria à prova dos factos. A partir da última década do século XIX, o movimento de concentração acelerou-se. O progresso tecnológico desempenhou um papel fundamental no processo de monopolização da economia. É o período da chamada *segunda revolução industrial*, em que o petróleo e a eletricidade vêm permitir a substituição do motor a vapor pelo motor de explosão e pelo motor elétrico; em que aparece o alumínio como importante material de utilização industrial; em que a indústria química se desenvolve a partir dos subprodutos do carvão e do petróleo; em que a utilização da energia elétrica vem permitir a sincronização do trabalho e a produção em cadeia, favorecendo as grandes empresas; em que as novas técnicas siderúrgicas que então se começam a aplicar vêm condenar os pequenos altos-fornos que utilizam a madeira como combustível, obrigando à constituição de grandes empresas capazes de suportar os enormes encargos financeiros impostos pela adoção da nova tecnologia. As indústrias do aço, da construção mecânica e do automóvel tornam-se, em substituição dos têxteis e do carvão, nos principais ramos de atividade económica, alicerçados em empresas de grande dimensão. As indústrias novas (químicas, alumínio, aparelhos elétricos) surgem também apoiadas em grandes empresas, aquelas que melhor respondem às exigências da amortização de enormes somas de capitais fixos, em período de acelerado progresso técnico.

Por alturas do final do século XIX, um outro fator de monopolização foi o movimento de expansão colonial (a *corrida às colónias*) e de exploração organizada, sistemática, dos vários impérios, que se seguiu à *Conferência de Berlim* (1884/1885) e à consequente partilha da África entre as potências capitalistas da Europa. A empresa colonial, para além de poderoso fator de acumulação de capitais e de concentração empresarial, suscitou ainda uma primeira reflexão de conjunto e de envergadura acerca do apoio político e administrativo e acerca do financiamento e controlo públicos, requeridos pelo grande capital monopolista e concedidos pelo estado.

Com a Guerra de 1914-1918, as múltiplas intervenções do estado na vida económica passam a tomar uma forma global e a necessidade de 'planificar' essa intervenção faz-se sentir, principalmente na Rússia e na Alemanha. No contexto de uma economia militarizada, a planificação consiste então, fundamentalmente, em repartir concertadamente, entre os principais 'monopólios', as matérias-primas e os recursos disponíveis, bem como as encomendas do estado.

A crise económica que nos anos 1930 quase prostrou o capitalismo levou os vários governos a lançar mão de todos os meios de salvação, entre eles a planificação. Na França surgem o *Plano Tardieu* (1929) e o *Plano de Grandes Obras (Plano Marquet*, 1934); na Itália foi apresentado o plano de secagem dos pântanos da planície aluvial do Tibre; nos EUA, o *New Deal* de Roosevelt lançaria em 1933 um vasto plano de desenvolvimento agrícola e industrial do vale do Tenessee (*Tenessee Valley Authority*); na Alemanha, com a subida de Hitler ao poder, acelerou-se *a cartelização obrigatória* (tal como na Itália de Mussolini) e a regulamentação da economia foi confiada ao Ministério da Economia (1934) e, depois de 1936, a um *bureau* chefiado por Goering, encarregado da elaboração do *Plano de quatro anos*.

Pode dizer-se, em geral, que todas as experiências marcadas pelo *corporativismo*, reunindo no seio de organismos profissionais de constituição obrigatória representantes patronais e operários de cada profissão (muitas vezes na companhia de um representante do estado) e atribuindo às profissões organizadas um poder regulamentar, representam a ambição de coordenar uma economia essencialmente concentrada e de harmonizar os interesses de grupos animados por tendências monopolísticas. Aos organismos profissionais (*corporações*) era atribuída não só a função de decidir da orientação da economia (e em alguns casos a produção foi submetida a um regime rigoroso de disciplina e de organização), mas ainda a de determinar o nível dos preços e dos rendimentos, assim se chegando a uma espécie de *planificação corporativa*.[140]

Apesar de tudo isto, Jean Romeuf pôde escrever que, "em 1939, os nossos manuais de economia política ignoravam ainda deliberadamente a existência de uma ciência da planificação, e só alguns especialistas conheciam os nomes, e mais raramente as obras, dos especialistas soviéticos de planificação."[141] De nada valeria, porém, esta *conspiração do silêncio* perante a evolução do capitalismo, abalado por crises sucessivas (e por guerras imperialistas), a imporem cada vez mais a necessidade de o estado intervir como operador na ordem económica, com o fim de sanear os conflitos inter-monopolistas, de organizar a produção e os mercados, de fomentar a acumulação capitalista, por forma a salvar a barca do capitalismo. A Primeira Guerra Mundial 'empurrara' definitivamente o estado para o campo da economia, exigindo-lhe novas e múltiplas formas de presença e intervenção na ordem económica para poder preencher a sua função nos quadros do sistema. As dificuldades que o capitalismo vinha experimentando, bem como a complexidade e a importância das intervenções estaduais, impunham que o setor privado (altamente 'monopolizado') e o estado *concertassem* as suas atuações e que o estado *planificasse as suas intervenções* (as grandes empresas, à medida que progredia a tecnologia e a concentração, tinham já começado a planificar a sua própria atividade).

E é claro que esta realidade não escapava aos autores mais lúcidos, empenhados em salvar o capitalismo. Em 1926, escrevendo sobre as crises do capitalismo, Keynes proclamava em The End of Laissez--Faire [sublinhado nosso. AN]: "Acredito que a cura para estas questões deve ser procurada, em parte, no *controlo deliberado da moeda e do crédito* por uma instituição central e, em parte, *na compilação e divulgação, em grande escala, dos dados relativos à situação dos negócios*. (...) Estas medidas – continua Keynes – envolveriam a sociedade no exercício de uma *inteligência diretiva*, através de um apropriado órgão de ação sobre muitas das complexidades intrínsecas dos negócios privados, *mas que, entretanto, deixaria a iniciativa e as empresas privadas livres de obstáculos*."[142]

---

[140] Cfr. André Marchal, *Systèmes et Structures Économiques*, Paris, PUF, 1959, na trad. Port., Livros Horizonte, Lisboa, s./d., sob o título *Sistemas e Estruturas Económicas*, 221-225.
[141] *L'Économie Planifié*, Paris, PUF, Que sais-je?, 1965, 65.
[142] Cfr. J. M. Keynes, *The End of Laissez-Faire*, Londres, Hogarth pres, 1926, 47.

O processo que vimos acompanhando haveria de dar um passo decisivo com o eclodir da Segunda Guerra Mundial. O progresso tecnológico e a concentração capitalista aceleraram-se; em vários países capitalistas o movimento de nacionalizações, executado por pressão das forças da Resistência, levou à constituição de setores públicos relativamente importantes, a justificar e a exigir que o estado planificasse a sua atividade como produtor; as necessidades de reconstrução levaram à elaboração de planos nacionais de reconstrução e desenvolvimento (por exemplo, na França, na Itália, na Holanda); a pressão do capitalismo americano, embalado pela produção de guerra, as necessidades dos países capitalistas da Europa que o conflito deixara destruídos e as exigências da *guerra fria* explicam a elaboração do *Plano Marshall*, administrado pela Organização Europeia de Cooperação Económica (OECE) no quadro europeu, mas exigindo dos países beneficiários a elaboração e coordenação de projetos de aplicação dos fundos.

Acresce que outros fatores (o desenvolvimento do comércio internacional, a importância crescente das exportações para assegurar o desenvolvimento económico, a internacionalização da presença dos grandes monopólios) atuaram no sentido de impor a intervenção planificada do estado, com o objetivo de efetuar previsões, de recolher e organizar informações, por forma a complementar a programação privada, em correspondência com as exigências da nova dimensão da economia.

Por outro lado, a competição entre o capitalismo e o socialismo ativou-se e o êxito dos planos quinquenais soviéticos não deixou de pesar no convencimento dos países capitalistas a adotarem também *a sua* planificação: a *planificação pública* tornou-se prática corrente nos estados capitalistas (consagrada mesmo em alguns textos constitucionais) e hoje ninguém seriamente porá em causa a sua necessidade, como cúpula da intervenção do estado tal como a vieram impor as realidades do sistema.

No estádio atual do capitalismo (*capitalismo monopolista de estado*), com efeito, a problemática da planificação domina claramente o conjunto dos temas da ideologia económica. Julga-se útil (até mesmo indispensável) afirmar que o sistema é planificado e que o estado, atuando como *representante dos interesses de toda a coletividade*, organiza não apenas a vida económica, mas toda a estrutura social. O mito da planificação é um dos pontos de apoio de um certo *cientismo* típico da mentalidade tecnocrática e desenvolvimentista que caratariza a fisionomia política do capitalismo de hoje. Proclama-se que a coletividade – afastada que seja a *luta de classes*, identificada com a defesa de interesses particulares – pode atualmente organizar projetos razoáveis e realistas e promover o *desenvolvimento* mediante a atuação do *estado* (capitalista), desde que nesse sentido se mobilizem *bons técnicos*, se disponha de um *bom governo* e se organize uma *boa administração*. O *desenvolvimento* é assim apresentado como um problema *técnico* (não político) e a *planificação* (levada a efeito pelo *estado capitalista*) é apontada como um instrumento *técnico* indispensável ao serviço do *desenvolvimento*.

Simplesmente, é bom não se esquecer a prevenção do Prof. Pigou de que economia socialista e economia planificada não são uma e a mesma coisa, acrescentando: "Há várias espécies possíveis de economia planificada. Podemos, por exemplo, imaginar um pequeno grupo aristocrático que domine uma comunidade de escravos e planifique a indústria do país exclusivamente no seu próprio interesse, sem em nada atender ao dos escravos. Ninguém chamaria a isso socialismo."[143] Por esta razão, ninguém poderá afirmar que a "planificação", tal como é entendida e praticada no mundo capitalista, é um *elemento de socialismo*, um passo andado no sentido da *convergência dos sistemas*. *Ninguém pode chamar a isto socialismo*.

22. Concentração e 'planificação'

A ocorrência e o significado da planificação levada a cabo pelo estado nas economias capitalistas só se compreenderá inteiramente, porém, depois de se explicarem as razões que levaram as grandes empresas a planificar a sua atividade, antes mesmo de os estados capitalistas planificarem a sua intervenção na esfera económica. O movimento de reação contra a própria palavra *planificação* esgotou as suas possibilidades quando a utilização de novas tecnologias altamente evoluídas e dispendiosas (só viáveis para elevados volumes de produção) e a consequente necessidade de *tempo* e de *capital* forçaram a grande indústria a planificar a sua atividade. Só então a *planificação* adquiriu, nos meios capitalistas, um certo grau de 'respeitabilidade'.

Enquanto o estado da técnica e a situação geral do capitalismo se revelaram compatíveis com a existência de numerosas empresas relativamente pequenas em cada ramo industrial entendia-se que o *mecanismo dos preços* (o *mercado*) era suficiente para assegurar a conveniente satisfação das necessidades dos consumidores, para prover as empresas da mão-de-obra, das matérias-primas e dos equipamentos

---

[143] *Ob. cit.*, trad. esp. cit., 13.

necessários à produção e para lhes permitir, sem grandes riscos, a venda dos produtos fabricados. Quando esse processo deixou de ser seguro surgiu a planificação como necessidade imposta às empresas pelo próprio desenvolvimento do capitalismo.[144]

A evolução tecnológica passou a exigir investimentos cada vez mais vultuosos e a obrigar as empresas a antecipar de meses ou anos as previsões acerca do comportamento da procura – o que, para além do risco maior, obriga a efetuar enormes despesas preparatórias dos próprios investimentos. Trata-se dos estudos de prospeção de mercados (internos e externos), da elaboração de protótipos, da ponderação acerca da rentabilidade do investimento projetado, da localização das unidades de produção, da análise da situação no que toca à existência das matérias-primas necessárias, da mão-de-obra especializada e das disponibilidades financeiras (a obter por autofinanciamento ou mediante recurso ao crédito) requeridas para financiar o empreendimento durante o período (longo, bastante longo, por vezes) que medeia entre o início das despesas e a percepção dos lucros. Trata-se, depois de iniciado o processo produtivo, de assegurar a sua execução e de organizar os circuitos de distribuição de modo a garantir o conveniente escoamento da produção.

Já se vê como estas exigências só podem ser satisfeitas por grandes empresas, o que permite compreender como a evolução das técnicas de produção fez 'estalar', a certa altura, os quadros do capitalismo atomístico assente numa multidão de pequenas empresas, para abrir caminho à concentração do poder económico num pequeno número de grandes empresas, caraterística do *capitalismo monopolista*.

A evolução tecnológica foi, pois, a causa primeira da introdução da *planificação económica* ao nível das grandes empresas. Como salienta Galbraith, "the planning, itself, is inherent in the industrial system." E os planos das empresas visam, sem dúvida, reduzir ao mínimo a incerteza e as suas consequências: "a planificação consiste na previsão das ações exigidas entre o início e o termo da produção e na preparação para levar a cabo essas ações. Consiste também na previsão e organização de medidas para enfrentar quaisquer ocorrências não programadas, favoráveis ou não, que possam acontecer ao longo do processo."[145]

Mas a evolução tecnológica foi também um poderoso fator de concentração e centralização do capital. E a verdade é que a planifi-

---

[144] Sobre a problemática da "planificação industrial", cfr. J. K. GALBRAITH, *The New Industrial State*, cit., especialmente o cap. III (*The nature of industrial planning*) 22ss (28ss da trad. bras.).

[145] Cfr. *últ. ob. cit.*, 25 (p. 32 da trad. bras.).

cação económica das empresas capitalistas só foi 'exigida' quando se chegou ao estádio do capitalismo monopolista, como também é verdade que só poderosas empresas, que gozem de um *poder de monopólio* mais ou menos acentuado, estão em condições de elaborar planos que lhes ofereçam boas perspetivas de ser realizados. Só as empresas 'monopolistas' (em razão do seu pequeno número e da sua grande dimensão) podem aspirar a controlar o mercado (obrigando-o a *ceder à planificação*), e o controlo do mercado (até ao *desaparecimento da sua influência*) é, no fundo, uma das faces da planificação levada a efeito pelas grandes empresas 'monopolistas': "estas devem substituir o mercado pelo plano" – escreve Galbraith [146] –, no sentido de que o plano das empresas vem substituir o *mecanismo dos preços* e o *mercado* (como mecanismos determinantes dos bens e quantidades a produzir e dos preços de venda) pela fixação prévia, por parte das empresas, dos bens e das quantidades a produzir e dos preços a pagar pelos consumidores. Através de acordos (expressos ou tácitos, mas igualmente eficientes), as empresas 'monopolistas' controlam os *preços* que impõem aos consumidores, evitando as flutuações derivadas de variações da oferta e da procura, e assim logrando a *estabilidade dos preços*, que é um elemento importante para se poder planificar com segurança. Através do controlo da utilização das patentes de invenção, através da publicidade e das técnicas de vendas, as grandes empresas 'planificadas' conseguem colocar no mercado os *produtos* que mais lhes interessa produzir e nas *quantidades* mais convenientes.

Nos primeiros tempos do capitalismo industrial, o lucro das empresas derivava do nível dos custos que cada uma delas apresentava, em confronto com o preço que se fixava no mercado em resultado do jogo da oferta e da procura e da concorrência que entre elas se estabelecia. Uma vez atingida a fase do *capitalismo monopolista*, os consumidores (o 'mercado') passaram a ser comandados pelos *planos* das grandes empresas monopolistas e a planificação transformou-se em instrumento necessário da prossecução dos objetivos próprios das empresas capitalistas.[147]

---

[146] Cfr. *últ. ob. cit.*, 24 (trad. bras., 30). E Galbraith explica (p. 26): "uma empresa não pode, utilmente, prever e programar a ação futura ou preparar-se para as contingências se não souber quais serão os seus preços e as suas vendas, assim como os seus custos, inclusive os custos do trabalho e do capital e não souber o que estará disponível a esses custos. Se o mercado é inseguro, não poderá conhecer estes dados. E não poderá, por isso, estabelecer os seus planos, (...) a menos que o mercado também ceda ante a planificação. Muito daquilo que a empresa considera como planificação consiste em tornar mínimas ou fazer desaparecer as influências do mercado." (p. 32/33 da trad. bras.)

[147] Acerca do *significado atual do mercado nas economias capitalistas*, ver um texto nosso na *Vértice*, nº 331/332, ag./set. 1971, 883-699.

Este é, pois, um dos sentidos em que pode afirmar-se que, nas economias capitalistas, a planificação está ao serviço dos grandes grupos monopolistas.

Nem se diga que esta verdade é seriamente limitada pelo facto de que "a produção só é rentável quando satisfaz a procura dos consumidores" (Tinbergen), já que parece indiscutível que no modo capitalista de produção esta "cria não apenas um objeto para o sujeito, mas também um sujeito para o objeto" (como já salientava o autor dos *Fundamentos da Crítica da Economia Política*), muito particularmente no estádio atual em que o aparelho produtivo tem ao seu serviço especialistas na *arte do desperdício* (nome de um livro de Vance Packard); em que os técnicos de publicidade estão bem compenetrados de que à publicidade compete produzir compradores em série, para absorverem a grande quantidade de produtos industriais *fabricados em série*; em que certas organizações se vangloriam de que estão em condições de "modificar os gostos dos clientes todos os cinco anos"; em que uma parte importante dos bens produzidos pelas grandes empresas monopolistas é transacionada à margem do mercado (armamentos, por exemplo) ou escoada em condições especiais – de preço, qualidade e outras –, independentemente dos desejos ou interesses dos compradores (v. g. os bens transacionados no âmbito de *programas de 'auxílio'* aos países 'subdesenvolvidos').

23. O estado nunca é neutro

Se a 'planificação' realizada pelas grandes empresas que controlam os setores altamente concentrados da economia é uma caraterística fundamental do capitalismo na sua fase monopolista, a 'planificação' levada a cabo pelos estados capitalistas é, sem dúvida, o ponto mais alto e mais acabado da intervenção do estado tal como ela se vem processando (por imperativo de exigências resultantes da própria evolução do capitalismo e da sua salvaguarda), particularmente a partir da Primeira Grande Guerra.

Para além do que se diz acima (n.º 21), a planificação pública nos países capitalistas explica-se por força da mesma lógica que levou as grandes empresas a planificar as suas atividades e a vencer as incertezas do mercado, 'destruindo-o' como mecanismo de direção e comando da economia. Com o crescente progresso técnico foi aumentando a dimensão das empresas dominantes, aumentando do mesmo passo as exigências da produção em massa (maiores somas de capitais, maiores exigências no que toca a recursos técnicos, a matérias-primas e a mão-de-obra, mercados mais vastos, o que significa maiores incertezas, a exigir uma planificação mais cuidada e a prazos mais longos); o caráter social da produção e das forças produtivas foi-se acentuando, tornando as empresas e os ramos de atividade cada vez mais interdependentes, a tal ponto que se foi tornando clara a necessidade de 'organizar', de 'concertar' a economia; daí, ao fim e ao cabo, a necessidade de 'concertar' entre si os 'planos' dos grandes grupos monopolistas, até porque a 'planificação' ao nível das empresas (para poder alcançar os objetivos que ficaram apontados no número anterior) exige uma certa 'coerência' entre os vários setores de actividade, isto é, exige uma certa 'coordenação' ou 'planificação' da economia nacional no seu conjunto. O Prof. Shonfield sustenta mesmo que tal *planificação pública* seria impossível se pelo menos 60% da produção não estivesse nas mãos de 40% das empresas.[148]

Neste contexto, a intervenção do estado na ordem económica torna-se um elemento essencial para que possa prosseguir-se a lógica do modo de produção capitalista.

Vimos que a planificação operada pelas empresas visa subtraí-las às incertezas do mercado, controlando-o. Pois a intervenção do estado nas economias capitalistas adquire muitas vezes um sentido em larga medida coincidente com os objetivos da 'planificação' e do 'controlo' do mercado pelas empresas 'monopolistas'. Com efeito, certas medidas que os estados adotam com frequência vêm contribuir (diretamente ou através da ação sobre os custos) para que as grandes empresas possam praticar preços fixados à margem das condições que seriam ditadas pelo jogo da oferta e da procura. Lembre-se, a título de exemplo, a atuação do estado na orientação da política de salários, na fixação das taxas de juro, na concessão de subvenções e facilidades (ou isenções) fiscais no que respeita à importação de máquinas e matérias-primas, na fixação de tarifas preferenciais por parte das empresas e serviços públicos (de que beneficiam em maior medida os principais clientes, as grandes empresas privadas), no financiamento da investigação (quer seja realizada por centros públicos quer pelas próprias empresas privadas), na organização de esquemas de crédito e de seguro de crédito à exportação, na concessão de subsídios às empresas exportadoras e no estalecimento de direitos alfandegários protetores, etc. O estado assegura às (grandes) empresas, por outro lado, a certeza de que encontrarão sempre o mínimo de procura que torne rentável o investimento (encomendas do estado, programas de 'auxílio', etc.). Finalmente, o estado atua no sentido de reduzir as

---

[148] Cfr. *ob. cit.*, 138 (p. 207 da trad. bras.).

dificuldades e incertezas da própria planificação das empresas, reunindo e divulgando informações, preparando mão-de-obra, promovendo uma certa coerência no desenvolvimento das chamadas infraestruturas sociais (planos de urbanização, estradas, portos, caminhos de ferro, etc.).

Que este é o sentido da intervenção dos estados capitalistas na esfera da economia reconhece-o claramente Galbraith. Naqueles setores do "sistema industrial" onde a tecnologia avançada, com uma investigação e exploração demoradas, acarreta para as empresas a necessidade de suportar um período de produção muito longo e um vultuoso investimento de capitais, é necessária a intervenção em larga escala do estado para estabelecer preços e garantir a procura, suspendendo assim o funcionamento do mercado e eliminando a sua incerteza: "O estado – escreve Galbraith – garante um preço mínimo, com uma margem conveniente para cobrir os custos. E compromete-se a adquirir o que for produzido ou a compensar integralmente a empresa em caso de cancelamento do contrato."

E compreende-se que este complexo esquema de intervenção do estado careça de ser ele próprio coordenado, 'planificado', até para que as empresas fiquem a saber com mais segurança aquilo com que podem contar. Daí a *planificação pública da economia*. Daí também que – conclui Galbraith [149] – "a economia inteiramente planificada, longe de ser impopular, é carinhosamente encarada por aqueles que melhor a conhecem." Daí que, hoje, só as pequenas empresas, mais ou menos condenadas pela lógica da concentração monopolista, protestem contra os 'abusos' da intervenção do estado, porque esta não se desenvolve ao sabor dos seus interesses. Daí que – como informa Tinbergen na entrevista concedida ao *Jornal do Fundão* – na Holanda, por exemplo, fossem os próprios industriais a pedir ao Governo que levasse a cabo uma planificação a médio prazo para a indústria.

É que o estado intervém a 'planificar' uma economia já de certo modo planificada ao nível das grandes empresas (que controlam os setores mais importantes da atividade económica), e não admira, por isso, que a planificação pública se traduza numa tentativa de tornar coerentes entre si os planos dos grandes grupos monopolistas, limando as dificuldades que possam resultar da concorrência entre eles e conjugando-os, numa base 'realista', com as possibilidades de intervenção e de apoio do estado. Os autores falam de *administração contratual*, para significar a existência de um sistema de compromissos coletivos entre os vários grupos monopolistas e entre estes e o estado,

---

[149] Cfr. *ult. ob. cit.*, 31 (trad. bras., 38/39).

assentes em princípios de *boa fé* idênticos aos que regulam as relações contratuais privadas – algo que vai além do diálogo entre o setor privado e o estado, que caraterizaria a chamada *economia concertada*.[150]

Tem razão, pois, o Prof. Ugo Papi quando afirma, como atrás se referiu, que "esta ingerência do estado na vida económica conduz *a subtrair*, primeiro os indivíduos e depois as empresas, a certos riscos. Economicamente falando, esta atitude identifica-se com um *princípio de segurança*." Tem razão, pois, Andrew Shonfield quando afirma que "as grandes sociedades anónimas estão interessadas na planificação como um meio de reduzir as incertezas do investimento e de realizar o desenvolvimento ordenado dos seus mercados."[151] Têm razão, pois, todos os que entendem que é esta a verdadeira natureza da 'planificação' levada a cabo pelos estados capitalistas: em relação às grandes empresas, ela funciona como uma *garantia de segurança*, serve-lhes como um largo *estudo do mercado*, procurando evitar 'engarrafamentos' da produção e duplos empregos e procurando conciliar os antagonismos porventura existentes entre grupos capitalistas rivais, aparecendo o 'plano' como o mais importante instrumento de governo de uma espécie de *conselho de administração da burguesia monopolista*, atuando em benefício global das classes dominantes, ao mesmo tempo que deixa às empresas completa liberdade de decisão em matéria de investimentos e de produção.[152]

Funcionando dentro desta lógica, já se vê que a *planificação indicativa* não pode aspirar a ser um instrumento de direção consciente do processo económico pela coletividade e no interesse desta. Ela só será "realista" nos seus projetos se respeitar e favorecer os interesses dos grandes grupos monopolistas, não podendo nunca pôr em causa os direitos que derivam da propriedade privada, nomeadamente *a liberdade de empresa* (por isso ela se diz meramente *indicativa*...), nem dispondo o Eetado – para fazer 'aceitar' o seu plano – de meios que não consistam, de uma forma ou de outra, em criar condições mais favoráveis de segurança e de lucro naqueles setores ou naquelas regiões onde pretende incrementar os investimentos.

---

[150] Cfr. Jean-Paul Courthéoux, "Problèmes sociologiques d'une planification indicative", em *Revue Économique*, nº 5, 1968, 795.

[151] *Modern Capitalism, cit.*, 139 (trad. bras., 208).

[152] Segundo J.-P. Courthéoux (*ob. cit.*, 799 e 809), o próprio órgão representativo do patronato francês (o C.N.P.F.) admite que o plano possa constituir o quadro de estudos de previsão económica que seriam feitos "à la demande" dos setores interessados e entende que o plano perpetua "atitudes herdadas de um longo passado de protecionismo que não estão adaptadas às condições objetivas do crescimento."

Entende Tinbergen que constitui "uma meia verdade", "uma distorção da realidade", a nossa afirmação de que "esta planificação (a *planificação indicativa*) se faz em proveito das grandes empresas." O que fica exposto acerca deste ponto pretende justificar a *verdade inteira* desta afirmação em que Tinbergen vê apenas *meia verdade*.

É confortável saber que a nossa verdade parece ser a verdade confessada por muitos outros autores. François Perroux não esconde que, "praticamente, o plano francês é muitas vezes edificado e realizado sob a influência preponderante das grandes empresas e dos grandes organismos financeiros."[153] Andrew Shonfield afirma sem rodeios que "o Plano [francês] reflete em grande parte as suas ideias [as ideias das grandes sociedades anónimas] ou, pelo menos, um compromisso entre os seus desejos e os dos funcionários responsáveis pela política económica do Governo", acrescentando que os funcionários "provenientes do ministério da tutela de um determinado ramo de comércio ou indústria atuam, com bastante frequência, como se fossem, em certo sentido, os representantes desses interesses setoriais, em vez de funcionários nomeados para exercer vigilância sobre os mesmos, em nome do interesse público", acabando por concluir que "não há dúvida de que a atividade da planificação, tal como se pratica na França, reforçou a influência sistemática exercida pelos grandes grupos de interesses (*large-scale business*) sobre a política económica".[154] Referindo-se, em geral, à planificação, tal como vem sendo praticada na Europa Ocidental do após-guerra, este mesmo professor de Londres escreve: "Os principais grupos de interesses são reunidos e encorajados a concluirem uma série de negociações sobre o seu futuro comportamento, o que terá como efeito a progressão dos eventos económicos pelos rumos desejados. O plano – conclui – indica a direcção geral em que os grupos de interesses, incluindo o estado nas suas diversas vestes económicas, concordaram que queriam seguir."[155]

Ainda a este respeito, um autor português, o Prof. F. Pereira de Moura, ensina que "a 'audiência dos interessados' nos trabalhos do planeamento industrial português reduz-se, entre nós, à prestação de informações pelas empresas e, em certos casos, ao aproveitamento dos mecanismos do plano para a defesa de posições particulares", em termos tais que o autor – que colaborou, como técnico e como Procurador à Câmara Corporativa, na elaboração dos primeiros planos de fomento portugueses – conclui pela existência de uma "espécie de

---

[153] *Apud* E. MANDEL, *Iniciação à Teoria Económica*, trad. port., Afrontamento, s./d., 86.
[154] *Ob. cit.*, 139 (trad. bras., 208).
[155] *Ob. cit.*, 231 (trad. bras., 339).

'conluio' tácito entre políticos, empresários e técnicos, que transforma o Plano e o planeamento quase que numa frustração para a generalidade dos portugueses."[156]

E J. K. Galbraith não clama, na conferência que proferiu em Paris, no clube de *Le Nouvel Observateur*, que "é preciso libertar o estado do domínio da tecnostrutura"?

Na sequência da sua argumentação, acrescenta Tinbergen que "a planificação não é feita unicamente pelas grandes empresas", pois "os sindicatos operários têm uma influência considerável na gestão geral da economia que se manifesta através do plano."

É certo que não poderá negar-se, a este respeito, a importância que, nos países de democracia burguesa da Europa, tem tido a luta desenvolvida pelos sindicatos e pelos partidos operários. Mas a verdade é que os sindicatos não podem obrigar as empresas a investir ou a investir em certos ramos de produção (e não em outros) ou em certas regiões mais carecidas em vez de outras. Quer dizer que quem comanda a produção são as empresas e não os sindicatos, o que bem se compreende, no quadro da propriedade privada (capitalista) das empresas e da liberdade de empresa que dela deriva. O próprio Tinbergen não deixa de reconhecer que assim é. Ao comparar o "grau de democracia industrial" nos países do Ocidente e nos países socialistas, refere as tentativas feitas no Ocidente, para concluir que "no mundo comunista os trabalhadores têm a possibilidade de tomar parte nas discussões acerca dos planos económicos da empresa e acerca do emprego de uma parte dos lucros da empresa."[157]

No que se refere mais diretamente à participação dos sindicatos na elaboração do plano nos países capitalistas, já se viu que tal plano é, no fundo, uma espécie de *plano dos planos das grandes empresas*, a estas cabendo a última palavra, não só no que concerne à sua execução, mas também, naturalmente, no que toca à sua elaboração. E parece poder dizer-se que a participação dos sindicatos neste capítulo não se tem revestido de importância que justifique a afirmação de que os seus interesses e os seu pontos de vista acerca da gestão geral da economia se manifestam através do plano.

É claro que essa participação dos sindicatos operários nem sequer existe nos países onde a legislação não permite a representatividade autêntica dos sindicatos nem lhes autoriza o recurso aos meios tradi-

---

[156] "As indústrias e o III Plano de Fomento", conferência feita em Évora, no Instituto de Estudos Superiores, em março/1908, e publicada no n° 8 (1989) da revista *Economia e Sociologia* (estudo inserto depois no livro *Por onde vai a economia portuguesa?*, Lisboa, Dom Quixote,1989).

[157] Cfr. Artigo citado, em *Mondo Economico*, 19-26 de agosto/1961, 29.

cionalmente utilizados para fazer valer, com relativa eficácia e força, as suas opiniões e os seus interesses. E, por maioria de razão, também não pode existir nos países onde, para além de não haver uma organização sindical forte, as grandes massas dos trabalhadores rurais e dos operários das indústrias são analfabetos ou não têm a cultura e o desenvolvimento cívico suficientes para saber que existem planos, quanto mais para compreenderem os seus mecanismos e o seu significado e o direito que deveriam ter de participar na sua elaboração (uma vez que a eles caberá a sua execução e nas suas vidas se refletirá em maior medida aquilo que se realizar e aquilo que não se realizar).

Mesmo nos países capitalistas desenvolvidos, porém, a participação dos sindicatos na elaboração dos planos estaduais não assume significativa importância. Na Suécia, por exemplo, não se pratica um sistema de planificação global centralizada, mas existem políticas mais ou menos definidas para certos setores e existe uma *Comissão Permanente de Planificação a Longo Prazo,* que elabora estudos prospetivos quinquenais, os quais não são, porém, submetidos ao voto do Parlamento, não dispondo o Governo, por outro lado, de qualquer meio de ação para garantir que a economia se desenvolva de acordo com os seus planos. Pois a verdade é que as organizações operárias têm feito pressão no sentido de os poderes públicos alargarem o âmbito da planificação a longo prazo e de a tornarem mais 'obrigatória', sem que os governos sociais-democratas tenham atendido as suas pretensões... possivelmente porque entendem esses governos sociais-democratas que não é possível obter uma utilização mais racional dos recursos nacionais do que aquela que resulta espontaneamente dos mecanismos do mercado, como declarava o Ministro das Finanças sueco ao apresentar o orçamento para 1967/1968.[158]

No que se refere à experiência francesa de utilizar o critério de representação corporativa em certas *Comissões* dos serviços de planeamento (compostas de patrões e operários), Gilbert Mathieu assinala justamente, numa série de artigos que publicou em *Le Monde,* que os representantes sindicais não têm autoridade no seio dessas *comissões* (jamais um desses representantes foi presidente de qualquer delas...) e que os representantes patronais se recusam a apresentar e a discutir, na presença dos trabalhadores, certos assuntos que envolvam o recurso a informações que considerem como "segredos do negócio".[159]

---

[158] Cfr. Claude Lachaux, "L'économie de la Suède est-elle socialiste?", em *Analyse et Prévision,* nº de maio/1969 (transcrito em *Problèmes Économiques,* 31.7.1969).

[159] Cfr. *Le Monde,* nºs de 2, 3 e 6 de março/1962.

É claro que o que se passa nos países aqui referidos como exemplos não deixará de passar-se, de uma forma ou de outra, nos restantes países capitalistas, cuja 'filosofia' inspiradora bem poderá resumir-se no célebre dito de Ch. Wilson, que foi diretor da General Motors antes de ser Secretário da Defesa dos Estados Unidos: "o que é bom para a General Motors é bom para os Estados Unidos". E é claro também que as considerações que aqui ficam não podem, naturalmente, fazer esquecer o fundamental, que acima ficou expresso nas palavras de François Perroux: "O estado nunca é neutro", antes é a "expressão das classes dominantes, (...) que, normalmente, não contraria ou serve os interesses dessas classes."

Coimbra, novembro de 1971

António José Avelãs Nunes

Posfácio

1. Este livro foi publicado num tempo em que a esquerda marxista criticava o *estado social* (que se transformara na grande bandeira da social-democracia europeia), porque ele era um expediente para salvar o capitalismo, como, de resto, Keynes tinha reconhecido e sublinhado. Na visão dos críticos marxistas, o *estado social* era considerado uma *solução de compromisso*, uma "evolução na continuidade" (como o classificava então J. Gomes Canotilho), que visava atenuar as contradições do capitalismo, 'anestesiar' os contestatários e afastar os riscos de roturas revolucionárias. Naquela altura, como já antes, *andava um espetro pela Europa*…

"Os dez dias que abalaram o mundo" (John Reed) repercutiram no centro do mundo capitalista, abalado pelos efeitos da "guerra que pôs fim às guerras." O acolhimento favorável da *Revolução de Outubro* por parte dos trabalhadores europeus e das suas organizações de classe justifica o alerta de Lloyd George, em carta que dirigiu a Clemenceau e a Woodrow Wilson (25.3.1919): "Toda a Europa está imbuída do espírito da Revolução. (…) Toda a ordem vigente, nos seus aspectos políticos, sociais e económicos, está a ser posta em causa pela massa da população de um extremo ao outro da Europa."

Na América, os receios eram os mesmos, num tempo em que "os bancos estavam fechados e gente de bem vendia maçãs na rua" (Averell Harriman). A Grande depressão de 1929-1933 veio agravar ainda mais a situação: "em 1932 – reconhece Truman nas suas *Memórias* – o sistema de livre empresa privada estava próximo do colapso. Havia verdadeiro perigo de que o povo norte-americano adoptasse um outro sistema."

Neste quadro, a *revolução keynesiana* (a *General Therory* foi publicada em 1936) dá corpo à velha máxima segundo a qual, em certas condições, é necessário mudar alguma coisa para salvar o essencial. Reconhecendo a ameaça crescente das crises cíclicas, Keynes defendeu a necessidade de reduzir o número e a intensidade delas ("as situações de pleno emprego são raras e efémeras").

Este é o objetivo das *políticas de redistribuição do rendimento*, que Keynes considera essenciais para assegurar alguma estabilidade da *procura efetiva* (a procura capaz de comprar os bens produzidos para serem vendidos com lucro). Daí a prioridade atribuída pelas políticas keynesianas ao combate ao *desemprego involuntário* e à promoção do *pleno emprego*, à redução da *desigualdade dos rendimentos* (que era socialmente injusta e economicamente nociva) e à manutenção de algum rendimento para aqueles que caíssem na situação de desemprego involuntário, de doença ou de velhice.

Para tanto, Keynes defendeu a necessidade de assegurar uma certa *coordenação pelo estado do aforro e do investimento de toda a comunidade*, o que exigia, a seu ver, "uma ampla expansão das funções tradicionais do estado", a necessidade de "uma ação inteligentemente coordenada" para assegurar a utilização mais correta da poupança nacional, a necessidade da "existência de órgãos centrais de direção", a necessidade de "medidas indispensáveis de socialização", de *uma certa socialização do investimento*.

"A *intensificação das crises cíclicas* e o *crescente caráter crónico do desemprego* mostraram que o capitalismo privado está em declínio como meio de resolver o problema económico", escrevia Keynes em 1939: "nas condições atuais nós precisamos, se queremos prosperidade e lucros, (...) de *muito mais planeamento central* do que temos presentemente."

Estes apontamentos mostram que não é correto confinar Keynes às interpretações redutoras do keynesianismo como "uma hábil política orçamental e monetária" capaz de levar as economias capitalistas a libertar-se das suas contradições, continuando a funcionar segundo os cânones do modelo liberal (fala-se de "keynesianismo bastardo", de "keynesianismo sem lágrimas", de "keynesianismo hidráulico").

Mas mostram também que a *revolução keynesiana* não pode confundir-se com uma 'revolução' anti-capitalista. As novas responsabilidades cometidas ao estado capitalista visam apenas colocar à sua disposição novos instrumentos adequados às circunstâncias, "como o único meio de evitar uma completa destruição das instituições económicas atuais e como a condição de um feliz exercício da iniciativa privada" (cap. XXIV da *General Theory*). São, pois, propostas no sentido de reforçar o *estado capitalista*, no pressuposto (que é o de Keynes) de que o estado é uma instância política *neutra, acima das classes*.

O *estado keynesiano* (o *estado social*) integrou-se, como não poderia deixar de ser, na lógica do capitalismo, atuando como fator de 'racionalização' e de estabilização, como fator de segurança e como anestésico das tensões sociais, num quadro marcado pelas reivindicações dos trabalhadores e pela emulação da URSS e da comunidade socialista.

No entanto, Keynes (que esteve próximo do Partido Liberal, mas nunca teve qualquer ligação com o Partido Trabalhista) foi adotado como ideólogo da social-democracia europeia, que, após a 2ª Guerra Mundial, fez do estado social de matriz keynesiana a sua bandeira. O "capitalismo social" vestiu-se de "socialismo democrático", reduzido este a um indefinido "socialismo do possível" (título de um livro coordenado por François Mitterrand, Paris, Seuil, 1970), que mais não é, afinal, do que o *capitalismo possível* nas (ou o *capitalismo exigido* pelas) circunstâncias do tempo, um capitalismo que se limita, como bem observa Henri Janne, a "transformar os fins maiores do socialismo em meios de realizar outros fins, isto é, a manutenção do lucro, da iniciativa privada, dos grupos privilegiados."

2. Com o regresso da paz à Europa, as *nacionalizações* e a *planificação pública da economia* impuseram-se desde logo por razões pragmáticas: acreditava-se que a reconstrução só poderia ser levada a cabo por uma instância central que controlasse a poupança disponível e decidisse sobre a prioridade dos investimentos. Daí a inevitabilidade da nacionalização da banca e dos seguros. Mas também a inevitabilidade da transferência para o estado dos setores estratégicos (energia, transportes, minas, construção naval, siderurgia, etc.), nos quais era preciso arrancar praticamente do zero.

Mas, por toda a Europa, as nacionalizações foram também uma exigência das forças de esquerda, fortalecidas pela sua participação nos movimentos da Resistência: a verdade é que, nas eleições realizadas no final da Guerra, os partidos da esquerda obtiveram na França quase 75% dos votos (o PCF foi o partido mais votado nas duas eleições a seguir à Guerra) e o Labour Party ganhou as eleições no Reino Unido, apesar de Churchill ter liderado a resistência dos britânicos à Alemanha nazi. Por outro lado, sectores significativos da Democracia Cristã defendiam, na Itália e na Alemanha, posições bastante à esquerda, falando-se de "socialismo de responsabilidade cristã." Em dezembro/1945, um autor como Gustav Radbruch considerava "evidente que a reconstrução da Alemanha só será possível na base de uma economia organizada nos moldes de uma qualquer forma de socialismo e mediante a socialização de, pelo menos, alguns importantes ramos da sua vida económica, como os bancos, as minas e as indústrias capitais."

Muitos acreditaram, naquela altura, escreveu J. J. Teixeira Ribeiro (num ensaio de 1947/8), que "as nacionalizações na França e na Inglaterra podiam bem servir do primeiro degrau do socialismo", por se entender que "o significado profundo das nacionalizações" residia em que "elas traduzirão sempre esse propósito firme, que os povos caldearam durante a guerra, de impregnar de humanidade a economia" e por se esperar que as circunstâncias conduzissem a Europa para uma "era em que, de um modo ou de outro, a economia iria ser posta efetivamente ao serviço do homem."

Neste ensaio, o Doutor Teixeira Ribeiro (meu Professor na Faculdade de Direito de Coimbra) viu as coisas com clareza: "ou as nacionalizações prosseguem até eliminar do sector privado todas as grandes empresas, ou as grandes empresas hão-de ameaçar permanentemente a política do sector público."

Ora, como é sabido, em vez de se prosseguir com as nacionalizações para pôr de pé uma "economia ao serviço do homem", a orientação adotada traduziu-se em colocar o setor empresarial do estado ao serviço dos lucros privados, numa solução de *capitalismo de estado*, em que a propriedade pública se afirmou como uma nova forma de propriedade capitalista (*propriedade do estado capitalista*, um estado que «nunca é neutron" antes é a "expressão das classes dominantes (...), largamente dependente do capitalismo dos monopólios" – François Perroux).

3. Sobretudo na Europa e nos EUA, os *trinta anos gloriosos* após a Guerra registaram um bom ritmo de crescimento económico, com baixas taxas de desemprego e taxas aceitáveis de inflação. Falou-se da "obsolescência dos ciclos económicos" (Arthur Okun) e de *capitalismo post-cíclico*. Outros falaram da *sociedade industrial* (Daniel Bell), num ambiente de contagiante 'otimismo teórico', que explica o florescimento de uma vasta literatura sobre a *sociedade da abundância*.

Os mais otimistas sustentaram que, graças a estes resultados, a ciência económica tinha, finalmente, adquirido direito de cidadania, afirmando a sua *autoridade* quer como um ramo das ciências sociais quer como instrumento capaz de resolver os problemas da sociedade, dando um salto sem paralelo na sua história e sem igual no que se refere a qualquer outra das ciências não-físicas. Alguns aproveitaram para concluir que a *revolução keynesiana* tinha tornado obsoleto o marxismo.

O ambiente da época, nos círculos políticos e académicos europeus mais importantes, é bem sintetizado por Tony Judt nestes termos: "O estado, era a convicção geral, faria sempre um trabalho melhor do que o mercado sem restrições: não só na aplicação da justiça e na segurança, ou na distribuição de bens e serviços, mas também no planeamento e aplicação de estratégias para a coesão social, amparo moral e vitalidade cultural. (…) A história de sucesso do capitalismo europeu do pós-guerra foi por todo o lado acompanhada por um papel crescente do setor público. (…) O estado, então, era uma coisa boa."

4. Tudo parecia estar a correr tão bem que muitos procuraram livrar-se da incomodidade de defender o capitalismo, tarefa que, a certa altura, se revelou muito ingrata. Ninguém queria arvorar a bandeira do capitalismo. Por isso resolveram 'matá-lo', ao mesmo tempo que 'matavam' o socialismo como alternativa ao capitalismo. Foi este o papel da chamada *teoria da convergência dos sistemas*, uma constante do discurso ideológico da social-democracia europeia a partir de meados do século XX e até à emergência da *perestroika* ou até ao desaparecimento da comunidade socialista europeia.

A transformação 'milagreira' do capitalismo em socialismo foi anunciada em vários tons.

Adolf Berle: "o aparecimento e o desenvolvimento da grande sociedade por acções modifica a propriedade como instituição quase tão profundamente como o fazem a doutrina e a prática comunistas», pelo que «o sistema económico americano baseado na propriedade privada se tornou, no fim de contas, tão socialista como muitos sistemas socialistas."

Joseph Schumpeter: a evolução do capitalismo "desvitaliza a noção de propriedade", opera a "evaporação do que podemos chamar a substância material da propriedade", "afrouxa o domínio, outrora tão forte, do proprietário sobre o seu bem": "a figura do proprietário e, com ela, o olho do patrão desapareceram de cena."

Jan Tinbergen: "(...) toda uma série de componentes da propriedade foram já nacionalizados. Como dizem outros economistas, a propriedade privada já foi *creusée*." Em suma, defende Tinbergen: "os dois sistemas evoluem no sentido de um *optimum*, de uma ordem que é melhor, ao mesmo tempo, que o capitalismo puro e o socialismo puro", considerando simplista e ultrapassada a visão do litígio ideológico entre os EUA e a URSS como "o litígio entre o *capitalismo* e o *socialismo*."

Robert Tucker: "O conceito de comunismo de Marx seria aplicável hoje, com rigor, à América; o seu conceito de capitalismo está absolutamente antiquado e ultrapassado."

O 'radicalismo' desta formulação desacredita a mensagem. Mas ela foi difundida por outros meios.

Argumentaram alguns (os defensores da *sociedade industrial*, o *sub-sistema industrial* de que fala John Kenneth Galbraith) que o progresso tecnológico tinha feito desaparecer a propriedade privada tal como ela existia nas sociedades capitalistas: o fator decisivo é o que contrapõe a *sociedade industrial* a todas as outras formas de organização económico-social (as *sociedades modernas, capitalistas ou socialistas*, são *sociedades industriais*, que geram os *mesmos problemas* e pedem as *mesmas soluções*). Tudo se resumiria a um *problema técnico*, que deve ser resolvido por quem é *tecnicamente competente* para o fazer: o *estado tecnocrático* substitui o *estado democrático*.

Por sua vez, os ideólogos da "revolução dos gerentes" procuraram convencer-nos de que, graças às modernas sociedades por ações (que fizeram também o 'milagre' de inventar a *democratização do capital* e o *capitalismo popular*, bandeiras da 'revolucionária Srª Thatcher), o poder dos proprietários desapareceu: a *propriedade ficou sem poder*, dando lugar ao *poder sem propriedade* dos gerentes, um poder que já não está ao serviço do capital, mas ao serviço do *bem comum*, porque as grandes empresas do "sistema industrial" galbraithiano se comportavam como "empresas dotadas de alma". Se é o *poder* que conta e não a *propriedade*, capitalismo e socialismo encontram-se superados por um novo modo de produção (a *sociedade dos gerentes*, a *sociedade de tecnostrutura*), para o qual convergiriam aqueles dois.

5. John Kenneth Galbraith deu uma contribuição para 'arrumar' o capitalismo e o *poder capitalista*, quando, em 1952, enunciou a chamada *teoria do poder compensador* (*American Capitalism: The Concept of Counterbailing Power*) que ele próprio resume assim: "Há na sociedade moderna um razoável equilíbrio entre os que exercem o poder e os que a ele se opõem. (…) O poder gera a sua própria resistência e age no sentido de limitar a sua própria eficácia."

Este *poder compensador* da opinião pública faria equilibrar o poder dos diretores das grandes empresas com uma espécie de *conscience du roi* que os colocaria, não ao serviço da valorização do capital, mas ao serviço dos interesses da coletividade. Sob o impulso dessa 'consciência', as próprias empresas deixariam de 'comportar-se' em obediência ao espírito de maximização do lucro, para ganharem elas próprias uma 'alma' que as levaria a prosseguir o interesse público.

Se o mundo funcionasse desta sorte, seria caso para acreditar numa espécie de *mão invisível coletiva*, uma vez que este efeito compensador galbraithiano significa algo de semelhante à *mão invisível* de Adam Smith: cada grupo de interesses organizados, ao prosseguir os seus próprios objetivos, provocará, automaticamente, a organização de outros grupos de interesses de cuja atuação resultará a limitação do poder daqueles outros grupos, gerando-se assim, espontaneamente, um equilíbrio que promoverá da melhor maneira possível o interesse e o bem-estar coletivos.

Transferindo este raciocínio para o terreno da luta de classes, dir-se-ia que, perante o poder de uma das classes (a classe dominante), a ação da classe explorada, prosseguindo o seu próprio interesse de classe, daria lugar a um *equilíbrio de poderes* que se traduziria na promoção do interesse de toda a comunidade. A luta de classes perderia todo o sentido. O paraíso ficaria ao alcance de um toque desta varinha mágica que é o *countervailing power*.

Na dialética marxista, a dinâmica da conflitualidade em sociedades constituídas por classes sociais com interesses antagónicos conduz à agudização das contradições até que chegue o tempo da *revolução social* e da passagem de um sistema a outro; segundo a tese de Galbraith, o conflito de interesses geraria uma *dinâmica de adaptação*, através do *efeito compensador*, que acabaria por conduzir automaticamente, espontaneamente, a uma *posição de equilíbrio* que realiza o interesse geral. E a história acabaria aqui. Também por esta via o capitalismo teria garantida a eternidade.

Honra seja a J. K. Galbraith, que reconheceria, anos mais tarde, reconheceu ter adotado, naquele seu livro de 1952, "um ponto de vista indevidamente optimista quanto ao equilíbrio resultante [do poder compensador]."

6. No diálogo que mantive com o Prof. Jan Tinbergen em 1972, o meu propósito foi o de esclarecer a natureza do *estado social* enquanto estratégia para salvar o capitalismo, pondo em relevo que o *estado social* funciona dentro da lógica do capitalismo, não podendo confundir-se com o *socialismo*, concebido este como o sistema económico e social que há-de resultar da desagregação do capitalismo (destruído pelas suas próprias contradições internas) e da emergência de um novo modo social de produção, que supera as contradições do modo de produção capitalista.

Este diálogo seria hoje impossível.

– Em primeiro lugar, a realidade dos tempos que vivemos revela, sem margem para dúvida, quão falaciosa era toda a construção à volta da *teoria da convergência dos sistemas*. Não há dúvida de que a 'revolução dos gerentes' acabou. Hoje são os próprios *managers* (os administradores profissionais dos grandes grupos económicos) que vêm a público justificar as remunerações, prebendas e pensões milionárias que auferem (ofensivas para quem vive do seu trabalho), com o aval dos grandes acionistas, alegando que estes as votam porque eles (os tais administradores das *empresas dotadas de alma*...) proporcionam aos accionistas dominantes ganhos elevadíssimos (ganhos de capital e dividendos chorudos), cumprindo e ultrapassando as metas que se propõem no exercício das suas funções, que consistem em dar muito dinheiro aos accionistas e em pagar-se principescamente a si próprios.

A necessidade de obter lucros muito elevados para poder contentar a gula dos acionistas e dos gestores profissionais (que, em regra, são também grandes acionistas das empresas que dirigem, porque uma parte dos salários e prémios é paga mediante a atribuição de ações das empresas por eles administradas – *stock options*, dizem os entendidos...) justifica, segundo a generalidade dos especialistas, a atração destes últimos por operações de alto risco à margem da economia real, que podem proporcionar ganhos especulativos que as 'atividades normais' não permitem.

As novas 'técnicas' de gestão que os 'patrões' de sempre impõem hoje aos 'revolucionários' gerentes dos anos 1970 vieram transformar as outrora chamadas *empresas dotadas de alma* em instrumentos de pura especulação, em meros *ativos* cuja *valorização bolsista* se prossegue por todos os meios, com base em arriscados (e por vezes criminosos) expedientes de engenharia financeira: aquisição de ações próprias; falsificação da contabilidade (valorizando ou dissimulando dívidas, créditos, vendas e compras); fornecimento de informação opaca ou mesmo viciada; manipulação das cotações, sem qualquer relação com a atividade e com o valor real das empresas.

Em certas condições, as 'metas' fixadas só podem atingir-se com base no recurso sistemáticoà fraude em grande escala, através de práticas criminosas que estiveram na ordem do dia nas últimas décadas, dando origem (quando conhecidas...) a enormes escândalos, que vieram desfazer o mito da transparência, da racionalidade e da eficiência dos mercados financeiros regulados, mostraram a incompetência ou a cumplicidade (ou as duas coisas) das agências reguladoras ditas *independentes* e deixaram de rastos a honorabilidade das mais 'distintas' empresas de contabilidade e de consultadoria financeira e das 'sagradas' agências de *rating*, todas elas comprometidas até à medula com as instituições financeiras e com os gestores das grandes empresas neste jogo de falsidades. Nos EUA, o próprio Congresso, alertado para a situação, nada fez para pôr cobro à fraude, porque "as indústrias financeiras e de contabilidade estão entre os maiores contribuintes para as campanhas dos políticos de Washington." (J. Crotty).

Pouco depois da crise que atingiu a chamada *nova economia* (março/2000), vários desses escândalos rebentaram nos EUA e também na Europa. Entre eles, o da falência de colossos como a *ENRON* (a sétima maior empresa dos EUA) e a *WorldCom* (a maior falência de sempre na história americana), tendo atingido duramente outras 'empresas-modelo', como a Tyco, a Global Crossing, a Qwest, a Adelphia Communications, a Xerox e a Vivendi Universal (todas elas empresas industriais transformadas em *holdings financeiras* dedicadas a atividades especulativas de alto risco). A falência da *ENRON* (que arrastou consigo a falência da 'princesa' das agências de consultadoria, a *Arthur Andersen*, apesar do muito dinheiro que ganhou a idealizar as operações fraudulentas que afundaram a *ENRON*) é já um exemplo de escola: ela decorreu exclusivamente das suas atividades financeiras, não tendo nada que ver com a atividade da empresa nos setores do gás e da eletricidade, cujos mercados praticamente não sentiram a sua falta, após a falência (D. Plihon). O que, verdadeiramente, está em causa é a natureza deste *capitalismo de casino*, desta "economia da mentira" (como alguém lhe chamou) e a inconsistência da tão celebrada *regulação pelo mercado* (ainda que com a 'ajuda' das agências ditas reguladoras), bem como as virtudes da não menos celebrada *corporate governance*.

Acresce que, tanto os dividendos dos grandes acionistas como os honorários (e os prémios de gestão) dos gestores vão, em grande parte, para os *paraísos fiscais*, com o objetivo de fugir aos impostos e de entrar no circuito da especulação financeira. A ideia de assegurar o *autofinanciamento* das empresas com fundos resultantes de lucros não distribuídos cheira a romantismo passadista.

Fala-se por vezes do fim do "capitalismo fordista" (em termos gerais, o que corresponde ao sentido das políticas de inspiração keynesiana) e do início de um novo período do capitalismo, que alguns designam *"capitalismo dominado pelos accionistas"*. É, a meu ver, o reconhecimento da falácia da chamada *revolução dos managers*. Os gerentes das ditas *empresas dotadas de alma* utilizam agora as empresas que gerem como meros instrumentos de especulação, transformando-as no que já alguém chamou *empresas irresponsáveis* ("irresponsible companies").

Por vezes, os 'jogos de casino' da especulação correm mal... Mas os grandes acionistas (e os seus gestores) sabem que estes 'pecados' contra a tal *ética dos negócios* de que agora tanto se fala são sempre cometidos com *boas intenções* (a intenção de lhes dar a eles muito dinheiro a ganhar) e sabem também que, quando as coisas correm mal, se se tratar de grandes interesses financeiros ou de grupos económicos muito poderosos, o estado amigo lá está para cobrir os prejuízos, em nome do interesse nacional... O *estado garantidor* foi inventado para isso mesmo: para garantir ao grande capital financeiro o *capitalismo sem risco e sem falências*, o *capitalismo do crime sistémico*.

– Em segundo lugar, a social-democracia europeia de hoje está longe de subscrever as linhas mestras do pensamento de Jan Tinbergen, que, naquele período histórico concreto, coincidia com o essencial da doutrina social-democrata europeia, pressupondo que o capitalismo (que, segundo ele, já não era, verdadeiramente, capitalismo) assentava num estado social forte, num forte setor público empresarial, na planificação pública da economia, no controlo público da poupança e do investimento de toda a comunidade. Na síntese de G. D. Cole, em 1960 eram pontos comuns a socialistas e comunistas "a defesa da propriedade pública e do controlo dos recursos essenciais e dos instrumentos de produção, bem como a confiança na missão histórica da classe trabalhadora para efetuar a transição do capitalismo para o socialismo." Como as coisas mudaram nestes últimos cinquenta anos!

Mantendo eu os pontos de vista que defendi em oposição aos de Tinbergen, dificilmente encontraria hoje, do lado dos sociais-democratas actuais, alguém que defendesse as teses reformistas do primeiro Prémio Nobel da Economia. A social-democracia europeia renegou Keynes e adotou as teses monetaristas e neoliberais de Hayek e de Milton Friedman, tendo sacrificado o estado social ao *projeto Europa*, à *Europa do capital*. Abandonou os trabalhadores, fazendo suas as bandeiras de uma espécie de *povo de substituição* (homossexuais, fumadores de drogas, gente que faz da eutanásia um grande problema da humanidade...). Encontrei há pouco esta ideia (que deixei algures em escrito ou fala recente) numa entrevista que Costas Lapavitsas concedeu à revista *CartaCapital* (22.6.2017): A esquerda europeia "deixou de falar dos mais pobres, das suas ideias e aspirações. (...) A partir do momento em que a esquerda abandona a política clássica das classes sociais e a substitui pelas políticas sexuais, de género, ela deixa de falar das classes sociais, dos pobres, das classes trabalhadoras. (...) A esquerda precisa de falar a linguagem das classes trabalhadoras. (...) Ao esquecer a problemática das classes sociais, a esquerda torna-se supérflua."

Esta *esquerda supérflua* é a social-democracia europeia, os partidos que integram o chamado *Partido Socialista Europeu*. Talvez por isso, por toda a Europa, estes partidos parecem entidades em vias de extinção.

7. Hoje, os partidos socialistas e sociais-democratas da Europa assumem abertamente que são *defensores do capitalismo* na esfera da produção, declarando-se *socialistas* no que toca à distribuição do rendimento. Os equívocos de há meio século desapareceram: a social-democracia europeia não quer mais do que *gerir lealmente o capitalismo*, no quadro da *economia social de mercado* (ou *economia de mercado regulada*). Fica, porém, uma contradição insanável: como pode ser socialista quem defende o capitalismo como modo de produção?

Esta doutrina oficial da social-democracia europeia representa, a meu ver, uma equação teórica e política tão difícil de resolver como a da *quadratura do círculo*. Com efeito, sabemos, desde os fisiocratas, que as estruturas de distribuição do rendimento e da riqueza não podem considerar-se separadas das estruturas e das relações sociais da produção. Por outras palavras: a estrutura de classes da sociedade e as relações de produção que lhe são inerentes são os fatores determinantes da distribuição da riqueza e do rendimento. A lógica da distribuição não pode ser antagónica da lógica inerente às relações de produção capitalistas. Como é óbvio.

Prosseguindo um processo iniciado em finais do século XIX, o movimento social-democrata abandonou também, em meados do século passado, a tese de que o estado é sempre, nas sociedades de classes, um *estado de classe*, deixando para trás não só Marx, mas os grandes clássicos do século XVIII (Adam Smith: o estado foi instituído com vista "à defesa dos ricos em prejuízo dos pobres") e, antes deles, os fisiocratas ("o único fim das instituições sociais" é a defesa da "lei sagrada da propriedade"; "o estado não tem outro interesse que não seja o interesse dos proprietários"; "o primeiro dever do soberano é o de punir aqueles que atentam contra a propriedade de outrem, operando pelo magistério dos magistrados e pelo poder político ou militar").

Como salienta um dos seus teóricos em Portugal (Augusto Santos Silva), a *esquerda moderna* "mudou radicalmente de atitude face ao estado", ao longo do século XX: abandonou a "posição libertária de querer destruí-lo [ao estado capitalista], como dominação e fator de dominação burguesa" e proclamou uma mudança na "arquitetura institucional do estado", que o transformou em um "espaço de integração social e intervenção política para as organizações vinculadas ao movimento operário." O *estado capitalista* (é dele que estamos a falar) passou a ser considerado como "comunidade política nacional", como "espaço de pertença de toda a coletividade", como "expressão da comunidade política nacional", como «representação política de toda a sociedade." Neste *espaço de integração social*, patrões e trabalhadores (capital e trabalho) só têm que dar as mãos para prosseguir o *interesse comum*...

Segundo este modo de ver, o estado seria algo parecido com um clube onde todos os cidadãos poderiam entrar, se para isso tivessem os votos suficientes dos cidadãos-eleitores. Ora, já por volta de 1832, um candidato ao Parlamento britânico calculava ter de gastar, numa única eleição, entre dez mil e vinte mil libras (uma fortuna!). E numa publicação da época escrevia-se: "Não há no reino meia dúzia de localidades em que um homem honesto, de competência e de caráter reconhecidos possa esperar vencer outro que esteja preparado para despender uma fortuna para o conseguir." (Morton/Tate)

Nos nossos dias, os estudos de sociologia política nos EUA mostram que, há décadas, vêm sendo eleitos presidentes os candidatos que conseguem reunir mais fundos para a campanha eleitoral, sendo público que esses fundos provêm, em larguíssima medida, do *Big Business*. É óbvio que nenhum candidato ou nenhum partido que se apresente como representante dos interesses dos trabalhadores consegue entrar neste *estado-para-todos*, porque é o dinheiro que comanda e garante a eleição do Presidente e a eleição dos Deputados e dos Senadores. E todos sabemos que não há almoços grátis...

Não quero chamar corporativistas aos que defendem a concepção de estado que acima exponho. Mas não é fácil fugir à conclusão de que a identificação do estado como "representação política de toda a sociedade" parece implicar a *negação da existência de classes sociais*, ou, pelo menos, a defesa da *colaboração de classes* no seio de um estado que se diz *representar toda a sociedade*, um estado capaz de arbitrar *acima das classes* e dos *interesses de classe*. Nela assenta o 'compromisso' da *concertação social* entre *parceiros sociais* (que susbtituem as *classes sociais*) em busca do *bem comum*, com o estado, *neutro*, *acima das classes* a arbitrar a concertação. Esta é a doutrina do chamado *sindicalismo reformista*, que se afastou dos princípios do *sindicalismo de classe*.

Mas não posso partilhar esta visão do estado, sobretudo um tempo, como aquele que vivemos, em que a atuação do *estado capitalista* como *estado de classe* se afirma, todos os dias, aos olhos de toda a gente que não fecha os olhos à realidade. A predominância do grande capital financeiro traduz-se no sacrifício não só dos direitos que os trabalhadores e as suas organizações foram conquistando ao longo de séculos de lutas, mas também dos interesses de grandes camadas da pequena e média burguesia ligada às actividades produtivas.

Neste nosso tempo, como lembra um autor americano, "as eleições são obscenamente caras" (J. Crotty, 2003). E Joseph Stiglitz sublinha que o sistema político dos EUA assenta cada vez mais no princípio *um dólar, um voto*, passando à História o princípio democrático *uma pessoa, um voto*. E, se é certo que "os mercados são modelados pela política", porque "as políticas determinam as regras do jogo económico", não é menos certo que, nos países capitalistas, "o campo do jogo está inclinado para os 1% do topo", porque "as regras do jogo político também são moldadas por esses 1%." O direito a participar no estado transformou-se num 'bem' que tem de se 'comprar' no mercado, e este 'mercado', como todos os outros, é controlado pelo grande capital. Como em todos os mercados, também neste 'mercado dos votos' a *soberania do consumidor* (a *soberania do cidadão!*) é pura fantasia.

É necessário não esquecer que o *estado capitalista* já foi *estado liberal* (negando, durante longo tempo, a liberdade de organização dos trabalhadores em sindicatos e o sufrágio universal, ou suspendendo-o quando lhe convinha), foi *estado fascista*, foi *estado social*, do mesmo modo que agora é *estado regulador* ou *estado garantidor*, asfixiando e esvaziando o estado social, pondo em causa a democracia e a própria paz, na Europa e no mundo. E é necessário sublinhar que, apesar de Keynes não ser marxista e considerar o estado (o estado capitalista) era entidade *acima das classes*, a doutrina dominante na social-democracia europeia de hoje está muito mais perto das concepções neoliberais do que do *estado keynesiano* (estado económico, estado empresário, estado social).

Na minha perspetiva, esta concepção da sociedade e do estado é uma das razões que facilitou o envenenamento da social-democracia europeia pelo neoliberalismo, tornando-a incapaz de fazer a crítica deste capitalismo da era da *globalização neoliberal*, sob a invocação de que *não há alternativa*, 'argumento' irracional, ofensivo da nossa inteligência e da nossa liberdade, argumento que tem alimentado a *cultura do medo* difundida pelos grandes meios de comunicação e por todos os arautos da *inevitabilidade* das políticas absurdas e suicidas que conduziram à crise e estão a agravar a crise, da *inevitabilidade da globalização neoliberal*, da *inevitabilidade* do *fim do estado social*.

8. No contexto europeu, o processo de integração europeia está intimamente ligado à transformação genética que parece ter modificado o DNA dos partidos socialistas e sociais-democratas.

Em pleno apogeu do keynesianismo (o *Tratado de Roma* foi assinado em 1957), o *projeto Europa* plasmado no *Tratado de Roma* está impregnado pela ideologia liberal, anunciando a 'morte' de Keynes: com o apoio incondicional dos partidos socialistas e sociais-democratas da Europa, a 'Europa' surgiu como "máquina para liberalizar" (Bernard Cassen). Por esta altura, os partidos da social-democracia europeia não se limitaram a abandonar a sua matriz ideológica originária (o SPD foi o partido de Marx), acabaram por virar as costas mesmo ao legado keynesiano.

Um momento marcante desta 'evolução' foi sem dúvida o Congresso do Partido Social Democrata Alemão (SPD), realizado em Bad Godesberg, em 1959, que aprovou o novo programa do partido. Embora admita que a propriedade coletiva é uma forma legítima de controlo público a que nenhum estado moderno pode renunciar, este programa não faz qualquer referência a nacionalizações, proclama que a propriedade privada merece a proteção da sociedade (desde que não impeça a realização da *justiça social*) e defende uma economia de mercado livre onde a concorrência se afirme.

Para quem entenda que o socialismo não pode deixar de incluir, no seu núcleo essencial, a eliminação dos rendimentos não provenientes do trabalho (o que pressupõe a apropriação social dos principais meios de produção), esta opção dos partidos socialistas e sociais-democratas europeus "apenas significa – como sublinhava, há quase sessenta anos, Teixeira Ribeiro – que tais partidos desistiram de implantar um sistema económico socialista." Na verdade, como o mesmo professor enfatiza, "o socialismo de economia capitalista, (...) o *socialismo dos partidos socialistas* não se diferencia substancialmente do *capitalismo dos partidos capitalistas*, uma vez que uns e outros se propõem alcançar em economia capitalista os mesmos objetivos: desenvolvimento económico e justiça social."

9. As lições das chamadas *crises do petróleo* (1973-75 e 1978-80) impuseram aos 'comandos' do capitalismo à escala mundial a adoção de uma nova estratégia adequada à luta contra a *baixa tendencial da taxa média de lucro nos setores produtivos* (que então ficou a descoberto), estratégia que se traduziu em *escolhas políticas* diferentes das que tinham sido propostas por Keynes e pelos keynesianos.

O *Consenso Keynesiano* foi substituído pelo chamado *Consenso de Washington*, que 'codifica' a nova estratégia de clara inspiração neoliberal, que pressupõe e afirma a *supremacia do capital financeiro sobre o capital produtivo* e que talvez possa caraterizar-se deste modo: *liberdade absoluta de circulação de capitais* à escala mundial (a mãe de todas as *liberdades do capital*); 'revelação' do dogma neoliberal da *independência dos bancos centrais*, que arrastou consigo a 'privatização' dos estados, que, como qualquer cidadão, dependem dos mercados financeiros para o financiamento das suas políticas, porque perderam elementos fundamentais da soberania e da independência nacionais: o controlo do sistema financeiro (da emissão de moeda, das taxas de juro e das taxas de câmbio), com a consequente perda do controlo sobre o destino da poupança nacional; proclamação do *princípio da banca universal*, em nome do qual os bancos podem desenvolver quaisquer operações financeiras, incluindo atividades puramente especulativas nas quais comprometem os depósitos dos seus clientes (a *poupança nacional*); privatização da banca, dos seguros e da generalidade das empresas públicas, por puros preconceitos ideológicos; prioridade no combate à inflação, porque a inflação destrói a 'racionalidade' dos mecanismos do mercado e porque a *estabilidade* traz consigo o crescimento e o emprego; políticas de *arrocho salarial*, que entregam ao capital os ganhos da produtividade, apesar de esta estar cada vez mais ligada ao homem trabalhador (enquanto produtor, depositário e utilizador do conhecimento), e que promovem a baixa dos salários (o aumento do *trabalho não pago*), para tentar compensar a subida dos custos financeiros e a *baixa tendencial da taxa média de lucro*; ataque às organizações sindicais e à contratação coletiva; asfixia do estado social.

10. À escala da Europa, a aprovação do *Tratado de Maastricht* (1991) é o ponto crítico da submissão da 'Europa' ao espírito do *Consenso de Washington*. Mitterrand tentou evitar, até onde pôde, a 'reunificação' da Alemanha. Após a anexação da RDA pela RFA, resolveu dar um passo no sentido de reforçar a construção europeia, convencido de que, desse modo, conseguia amarrar mais fortemente o vizinho do lado ao tecido mais apertado da Europa, acrescentada com a *União Económica e Monetária*. Esta teve como base o famoso *Relatório Delors*

(1989) e trouxe consigo a política monetária e cambial únicas, o Banco Central Europeu e a moeda única.

O *Tratado de Maastricht* veio alterar profundamente a natureza ideológica da comunidade: esta passou a ser dirigida segundo princípios ultraconservadores, privando os estados-membros de autonomia em matéria de política monetária, cambial e orçamental e pondo em causa abertamente o chamado *modelo social europeu*, sacrificado, como venho defendendo há mais de dez anos, aos critérios maximalistas do equilíbrio financeiro, de acordo com os cânones neoliberais.

Filho do medo da *Grande Alemanha* por parte da França (gato escaldado de água fria tem medo...), o *Tratado de Maastricht* teve, porém, efeitos contrários aos desejados: em vez de amarrar a Alemanha ao tecido mais apertado da *Europa maastrichtiana*, abriu o caminho que levou à emergência da *Europa alemã*. Porque foi a Alemanha que impôs as novas regras do jogo: o estatuto do BCE e a sua consagração nos Tratados (inalterável, portanto); a política monetária centrada no controlo da inflação; o *deutsche euro*; as regras cabalísticas do Pacto de Estabilidade e Crescimento (regras sem qualquer explicação científica, justificando que o ex-Presidente da Comissão Europeia Romano Prodi as tenha qualificado, no exercício destas funções, de "estúpidas" e "medievais"), e, depois, todas as demais *regras alemãs*, que hoje constituem a *constituição das constituições* da UE, contra as quais nada vale a soberania popular.

Em 3.7.2015, nas vésperas do referendo realizado na Grécia sobre as *políticas de austeridade*, o Presidente da Comissão Europeia (Jean-Claude Juncker) veio a público avisar que "não pode haver escolhas democráticas contra os Tratados europeus." Está tudo muito claro: as *regras alemãs* foram colocadas nos Tratados exactamente para impedir que qualquer governo tenha a veleidade de querer levar por diante, honrando o mandato popular resultante de eleições, políticas que ponham em causa aquelas *regras/dogmas*. Os *povos colonizados* não podem ter vontade própria contra as regras impostas pelos *colonizadores*. Em geral, todos os socialistas europeus concordam com este estado de coisas, aceitando que a política seja reduzida à mera *aplicação mecânica de regras* e que as *regras* matem a democracia. Tem razão Wolfgang Streeck: «o neoliberalismo é incompatível com o estado democrático."

Num livro de 2013, João Ferreira do Amaral não poupa nas palavras com que responsabiliza os socialistas europeus (incluindo o PS português) pela construção deste *mundo maastrichtiano*: "a culpa de o tratado ter sido aprovado cabe por inteiro aos partidos socialistas europeus", que "não estiveram à altura da situação e aprovaram sem reservas o Tratado de Maastricht. (…) Este desvio para a direita por parte do socialismo europeu (...) foi dos maiores erros que os socialistas poderiam ter cometido. O Tratado de Maastricht atacava o modelo social europeu e não dava margem para os partidos socialistas ou social-democratas prosseguirem políticas informadas pelos valores que tradicionalmente defendiam."

Esta é a verdade. Como é verdade que o *estado social* está hoje ameaçado, não porque seja *financeiramente inviável* (como acreditar nesta mentira mil vezes repetida, se nos recordarmos de que produzimos hoje muito mais riqueza, em montantes que nem sequer sonhávamos aqui há 40 ou 50 anos!), mas porque os interesses económicos dominantes (sob a hegemonia do grande capital financeiro) entendem que, dada a atual correlação de forças, não têm que submeter-se ao *compromisso* que o estado social representa.

Por isso, a luta pelo estado social está no primeiro plano das lutas em que a esquerda está comprometida. Correctamente, a meu ver. Porque, nas condições atuais das nossas sociedades, a democracia não é possível sem o estado social. No entanto, esta minha certeza de que a luta pelo estado social se identifica com a luta pela democracia não invalida a caraterização que faço do *estado social* como uma solução *dentro do capitalismo*, uma solução que não põe em causa a lógica do capitalismo. Na perspectiva do marxismo e da luta pelo socialismo, parece-me, pois, fundamental que se mantenha aberta a discussão sobre o que é o capitalismo e o que é o socialismo. Porque *o estado social está longe de ser o socialismo*. Esta é a razão que me levou a considerar oportuna a reedição deste livro quarenta e cinco anos depois da sua 1ª edição.

11. Considero indispensável (talvez mesmo inadiável), para a definição de uma estratégia global de esquerda na Europa o estudo do complexo processo que conduziu à 'dissolução' das forças de esquerda na França, na Itália e na Espanha. Nestes países, o pocesso de desagregação dos partidos historicamente ligados ao movimento operário e às lutas dos trabalhadores envolve também os partidos comunistas (os três maiores partidos comunistas da Europa capitalista, o PCI, o PCF e o PCE), que abandonaram o marxismo-leninismo e perderam a sua natureza de partidos dos trabalhadores, de partidos revolucionários, contaminando igualmente o movimento sindical, que perdeu o seu caráter de *sindicalismo de classe*. A abordagem desta problemática não cabe, porém, na economia deste texto.

O processo de transformação dos partidos socialistas e sociais-democratas europeus em partidos dependentes das 'drogas' neoliberais poderia ser ilustrado com o que se passou em Portugal. O PS esteve com o movimento militar que derrubou o fascismo. Mas, desde muito cedo, manifestou os seus medos relativamente ao processo revolucionário que nasceu nas ruas e colheu o apoio do MFA, acabando por traduzir-se na Constituição promulgada em 1976.

A leitura de um livro recente do jornalista Miguel Carvalho (*Quando Portugal Ardeu*, Lisboa, Oficina do Livro, 2017) veio recordar o que muitos portugueses sabiam: em 1975, o PS polarizou e comandou todas as acções da direita contra a revolução democrática rumo ao socialismo. É hoje público que, durante a presença de Carlucci em Portugal como embaixador dos EUA (e certamente como quadro superior da CIA, que sempre foi, desde os tempos do assassinato de Lumumba e do golpe militar no Brasil), Mário Soares 'conspirou' com Carlucci, por vezes quase diariamente (a confissão é do próprio Mário Soares), num sótão reservado da residência oficial do embaixador dos EUA, que Carlucci mandou arranjar para encontros fora da agenda oficial.

Talvez estes encontros conspiratórios ajudem a compreender as alianças do PS durante o verão quente de 1975. Transcrevo Ernesto Melo Antunes: Soares e o PS "aliaram-se ao que de pior havia nas Forças Armadas" e fizeram do ELP e do MDLP [organizações terroristas de extrema-direita] os "aliados militares preferenciais do PS." Poucos dias antes do 25 de novembro, o PS (logo seguido pelo PPD e pelo CDS), liderado por Mário Soares (que por essa altura chegou mesmo a apelar à ajuda militar dos seus aliados ocidentais, quase um apelo à intervenção militar estrangeira no nosso País), transferiu para o Norte do País a sua sede e os seus deputados. O então Presidente da República, General Costa Gomes, considerou "simplesmente ridícula" esta atitude de fugir para "um sítio dito de paz (…), à sombra do MDLP" [i.é, dos bombistas terroristas de extrema direita].

A partir de 1976, o PS ganhou a supremacia ao nível governamental. E distinguiu-se no combate à Reforma Agrária; empenhou-se (a partir do Governo) em "partir a espinha à Intersindical" (a maior central sindical portuguesa, que já atuava como tal, clandestinamente, nos últimos tempos do fascismo); foi a trave-mestra de todas as revisões da Constituição de 1976 (destinadas a apagar todas as indicações no sentido da construção em Portugal de uma sociedade socialista, que pusesse fim à exploração do homem pelo homem); trabalhou para abrir o caminho à privatização dos setores estratégicos da economia nacionalizados durante o período revolucionário; abriu o caminho à praga dos salários em atraso, ao trabalho precário e às dívidas à Segurança Social; deu passos importantes no sentido da *flexibilização da legislação laboral* (foi um Governo do PS que introduziu o chamado *banco de horas*); foram governos do PS que afogaram o País nas redes das parcerias público-privadas; foi um governo do PS que assinou com a *Troika* um chamado memorando de entendimento que impôs aos portugueses duríssimas medidas de austeridade e a destruição do que ainda restava do sector empresarial do estado, o mesmo governo que, antes da *Troika* e com a bênção da Sr.ª Merkel, quis impor o chamado PEC 4 (cuja reprovação no Parlamento ditou a queda do Governo), que antecipava grande parte das medidas depois acordadas com a *Troika*: revisão da legislação do trabalho (facilitar os despedimentos, flexibilizar a mobilidade interna e a organização do tempo de trabalho, limitar o direito à contratação coletiva) e o congelamento do salário mínimo nacional; cortes nas pensões de reforma, aumento do IRS pago pelos reformados, aumento do IVA, cortes nas despesas com a educação e com a saúde; cortes no investimento público; privatização de empresas estratégicas como a TAP, ANA, CTT, Seguros da CGD, Estaleiros de Viana do Castelo, EMEF, CPCarga, o resto da GALP e da EDP.

No início da crise (em 2008), afastado da vida partidária e da vida política ativa, Mário Soares (que, como Primeiro-Ministro, admitiu ter *metido o socialismo na gaveta*) veio a público defender que "os partidos socialistas e sociais-democratas deixaram-se colonizar um tanto pelo neoliberalismo que soprava da Administração Bush e do trabalhismo inglês da chamada terceira via" (*Diário de Notícias*, 9.11.2008). Ficava-lhe bem ter reconhecido que ele foi uma das abelhas que mais contribuiu para espalhar as sementes do neoliberalismo trazidas pelos ventos dominantes.

Pouco tempo depois, um dos fundadores do PS (Alfredo Barroso) reconhecia que os partidos socialistas e sociais-democratas europeus "perderam a alma e a coerência ideológica", tendo-se transformado na «variante social-democrata do neoliberalismo", sendo dominante, nos partidos que integram a Internacional Socialista, "a tendência neoliberal (...), que se traduz, basicamente, na aceitação do fundamentalismo do Mercado" (*Le Monde Diplomatique*, ed. port., nov/2011). Ficava-lhe bem reconhecer que o seu partido fez bem a sua parte neste processo.

12. Creio, porém, que a evolução do Partido Socialista Francês (PSF), partir dos anos 1980, é talvez a que ilustra com mais clareza o processo de rendição da social-democracia europeia ao ideário neoliberal extremista da chamada "revolução conservadora", consagrado no *Consenso de Washington*.

Em maio de 1981, durante a campanha eleitoral para a Presidência da República, François Mitterrand prometeu "uma rotura com o capitalismo". Assim atraiu o voto dos trabalhadores e de outras camadas populares, que garantiram a sua eleição. Durante algum tempo, com o propósito de liquidar politicamente Michel Rocard (o Primeiro-Ministro do seu Governo, por ele escolhido, mas seu rival dentro do PSF), proclamava que este se limitava a "privatizar e enriquecer os capitalistas." Mas é claro que o próprio Mitterrand era o maestro da orquestra que tocava esta música, tendo Rocard como solista. Na verdade, em 1983, Mitterrand confessava a Jacques Attali estar "dividido entre duas ambições, a da construção da Europa e a da justiça social", reconhecendo, deste modo, que a *justiça social não tinha lugar na 'Europa'* em construção desde 1957. E, como é sabido, ele optou pela construção da 'Europa', sacrificando a justiça social. E declarou publicamente que deixava de acreditar na *luta de classes,* tema que nos anos 1970 ainda fazia parte do discurso político do PSF.

Neste quadro, Mitterrand anunciou, em 1983, a chamada "viragem do rigor", que significou, claramente, uma *rotura com o socialismo*, promovendo a reestruturação industrial, a desindustrialização, os despedimentos e o desemprego em massa, a destruição de postos de trabalho, o congelamento de salários. Paralelamente, anunciou a submissão da França às *regras* do Sistema Monetário Europeu (aceitando a perda da soberania em matéria monetária e cambial); antecipando Maastricht, anunciou que iria fazer tudo para que o défice das contas públicas não fosse além de 3% do PIB; assumiu a prioridade do combate à inflação (Milton Friedman deve ter aplaudido) e a desvalorização das políticas de combate ao desemprego e de promoção do emprego (aceitando que estes objetivos seriam prosseguidos através da *formação dos jovens*); como, entretanto, se iniciou a prática generalizada dos contratos de trabalho precário, os jovens foram ficando cada vez mais qualificados, mais mal pagos e com menos segurança no emprego. Mitterrand começou a navegar embalado pelos ventos do neoliberalismo, que moveram os governos de Thatcher e de Reagan, dizendo aos franceses que esta era a *única política possível* naquelas circunstâncias (uma política para a qual *não há alternativa*).

Em 1984, Laurent Fabius declarou que a crise que afetava a França poderia ser uma oportunidade para 'modernizar' a economia e para ganhar competitividade. Invocando a necessidade da "reestrututação industrial", lançou milhares de trabalhadores para o desemprego na siderurgia, nas minas, na construção naval e na indústria automóvel;

cortou nos salários e nos direitos dos trabalhadores, semeou a precariedade nas relações laborais, fez cortes nas despesas sociais. E declarou-se honrado por ter feito "o trabalho sujo que não tinha sido feito antes." Em nome da direita, Alain Juppé deconheceu o 'mérito' dos 'socialistas' franceses: "eles fizeram a limpeza que não nós não fomos capazes de fazer."

Alguns anos mais tarde, logo a seguir à queda do Muro de Berlim (9.11.1989), o mesmo Michel Rocard reconhecia, com grande frieza – seguindo, afinal, a lição de Mitterrand –, que "as regras do jogo do capitalismo internacional impedem qualquer política social audaciosa", acrescentando que "para fazer a Europa é necessário aceitar *as regras deste jogo cruel.*" É a renúncia à *Europa social* e a aceitação da *mercadização* da economia e da vida, "feita pela Europa, graças à Europa e por causa da Europa" (cito Pascal Lamy, outro alto dirigente socialista, então Diretor-Geral da OMC). Foi esta 'Europa' que "se transformou no *joker* de uma esquerda sem projeto nem reflexão", uma "esquerda que não tem outro projeto para além da construção europeia, *a Europa*", uma esquerda que, para ser credível e não assustar os mercados, defende e pratica "uma política ainda mais à direita do que a direita." (George Sarre, *ob. cit.*, 165-169) Este *projeto Europa* (a construção da *Europa do capital* à custa do sacrifício da *Europa social*) tem sido, nos últimos sessenta anos, o único projeto da social-democracia europeia, com especiais responsabilidades para o SPD e para o Partido Socialista francês e os seus mais destacados dirigentes (François Mitterrand, Michel Rocard, Jacques Delors, Pierre Mauroy, Lionel Jospin, Laurent Fabius, François Hollande).

Confissões como a de Rocard refletem concepções que equivalem à *morte da política* e ao reconhecimento de que *a soberania reside nos mercados*, ideia tão sugestivamente expressa nesta síntese espantosa de Joschka Fisher (ex-dirigente de *Os Verdes* e ex-Ministro dos Negócios Estrangeiros de um governo alemão liderado pelo SPD): "ninguém pode fazer política contra os mercados." Serenamente, sem qualquer resistência, aceita-se que os mercados matem a política, isto é, matem a democracia. *Mercados über alles*!

Em outubro/2011, o então porta-voz do Partido Socialista francês, numa declaração patética, veio reconhecer que "uma parte da esquerda europeia [a social-democracia europeia], à semelhança da direita, deixou de pôr em causa que é preciso sacrificar o estado-providência para restabelecer o equilíbrio orçamental e agradar aos mercados. (…) Fomos em vários lugares do mundo um obstáculo ao progresso." É verdade, mas o Governo de Hollande continuaria esta política de sacrificar o estado social para agradar aos mercados.

13. Na Alemanha, o SPD, então sob a liderança de Gerhard Schröder, foi responsável pelo Governo entre 1998 e 2005. Foi o tempo das 'reformas estruturais', no âmbito da chamada *Agenda 2010*, em busca da 'modernização' e da 'competitividade'. Foi o tempo da desregulação ('flexibilização') do mercado de trabalho; dos ataques à contratação coletiva; da redução substancial dos impostos pagos pelas grandes empresas e pelos contribuintes ricos; da redução das transferências do estado que beneficiavam os trabalhadores alemães; da redução dos salários reais dos trabalhadores da administração pública; dos ataques ao sistema público de segurança social.

O resultado destas políticas foi a condenação de grande número de trabalhadores ao regime de trabalho precário; o desenvolvimento de um amplo setor de *mini-empregos* (pagos a 300-400 euros mensais); a redução do poder de compra dos salários; a diminuição da parte dos rendimentos do trabalho no rendimento nacional; o aumento dos *pobres que trabalham*; um enorme crescimento das desigualdades salariais e da pobreza (na Europa, só comparável ao que se registou no RU por força das políticas neoliberais da Srª Thatcher e dos governos trabalhistas de Blair e Gordon Brown); as mais baixas taxas de crescimento da zona euro (junto com a Itália), entre 1999 (data do lançamento do euro) e 2007, com a criação de menos empregos do que a França, a Espanha e a Itália.

O Chanceler Schröder e o SPD fizeram grande propaganda da sua política de *modernização* da Alemanha e de melhoria da sua *competitividade* internacional, procurando assim ganhar espaço político à direita. No *Forum Económico Mundial* de Davos, em 2005, Schröder vangloriava-se de ter criado "todo um sector do mercado de trabalho onde os salários são baixos" e de ter "modificado o sistema de subsídio de desemprego a fim de criar fortes incentivos ao trabalho." E uma personalidade influente do SPD afirmava em 2009: «O desenvolvimento de um setor de baixos e de muito baixos salários não é prova do fracasso da *Agenda 2010*, mas do seu sucesso." A pobreza atingiu um número elevado de trabalhadores alemães e o número de suicídios aumentou exponencialmente.

O direito a um *salário mínimo garantido* só foi reconhecido a partir de 2015, com muitas críticas e resistências por parte dos empregadores. Fixado em 8,5 euros por hora, todos os especialistas dizem que é impossível viver na Alemanha com menos de 12 euros/hora. As estatísticas oficiais dizem que o desemprego tem diminuído, mas os especialistas garantem que a taxa efetiva de desemprego é muito superior. Além do mais porque, em certas condições, os desempregados passam a receber o chamado *subsídio Hartz IV* (que tira o nome do seu inspirador, o conselheiro do Chanceler Schröder para a *Agenda 2010*, ídolo do Presidente Macron, condenado na Alemanha a pena de prisão por ter subornado a Comissão de Trabalhadores da Volkswagen): passam a receber 400 euros para ajuda da renda de casa (ainda que esta seja de 600 ou 700 euros…), saem das estatísticas do desemprego e ficam sujeitos a ter de aceitar trabalhar com o salário de um euro por hora.

O sociólogo alemão Ulrich Beck faz esta síntese da *contra-revolução* operada pelo governo social-democrata na Alemanha: "cerca de metade dos novos postos de trabalho é constituída por empregos precários no âmbito do trabalho temporário (cerca de um milhão), os chamados *mini-empregos* ou *empregos de 400 euros* (cerca de 7,4 milhões), empregos a prazo (3 milhões), etc. A fragmentação social e as diferenças entre os rendimentos aumentaram, assim, rapidamente." Dados recentes mostram que vem aumentando o número de famílias que não podem pagar as suas casas (a legislação sobre arrendamento urbano reconhece todos os direitos aos proprietários, fazendo dos inquilinos o inimigo público número um; calcula-se que há 300 mil pessoas sem casa e sabe-se que, no último ano, a eletricidade foi cortada a 350 mil famílias. O recurso ao trabalho precário e ao trabalho alugado a empresas de aluguer de mão-de-obra vem aumentando mesmo em indústrias de ponta, como a indústria automóvel. Os serviços de educação e de saúde vêm-se degradando aceleradamente.

A deriva do SPD para a direita não cessou desde então. Atualmente (junho/2017), os dirigentes do SPD consideram demasiado radical o programa aprovado em 1959, que foi o programa de rotura com a raiz marxista do partido. As ideias de Martin Schultz não se distinguem das de Jean-Claude Juncker, democrata cristão liberal (cujo programa para a 'salvar' a Europa como Presidente da Comissão Europeia teve também o apoio claro da PS português). O neoliberalismo anti-trabalhadores de Schröder é, cada vez mais, a matriz ideológica do SPD, que tem hoje menos de metade dos militantes que tinha em 1974 e que obteve, nas eleições legislativas de 2017, o pior resultado desde o fim da 2ª Guerra Mundial, as mesmas eleições que deram 13% dos votos à extrema-direita neo-nazi, a 3ª força política do país.

14. No Reino Unido, Tony Blair esforçou-se por criar um partido novo, separando o velho *Labour* dos sindicatos e dos trabalhadores. A chamada *terceira via* significou a conversão dos trabalhistas ao credo neoliberal na sua versão mais radical.

Os grandes heróis desta conversão foram, no plano teórico, Anthony Giddens (*The Third Day. The Renewal of Social Democracy*, 1998) e, no campo da acção política, Tony Blair. Eles são os 'pais' do moderníssimo *estado garantidor* (a última roupagem que se quer *vestir* a um estado cada vez mais *despido* das suas responsabilidades no terreno da economia e da justiça social), que veio enterrar definitivamente o que restava da soberania económica do estado e da sua capacidade para intervir em áreas vitais da *política económica* (apostada na subordinação do poder económico ao poder político democrático) e da *política social* (promotora da solidariedade e da justiça social, em nome do *princípio da responsabilidade social colectiva*, que subjaz ao estado social de matriz keynesiana).

A esta nova luz, o estado (capitalista) não deve ser um *estado empresário*, nem sequer no que toca à produção e distribuição de *serviços públicos* (agora designados *serviços de interesse económico geral* – a designação tradicional de *serviços públicos* passou a ser considerada subversiva). Esta tarefa (mesmo no que diz respeito à segurança, à educação, à saúde, água potável, saneamento básico, energia, correio e telecomunicações) pode perfeitamente ser desempenhada por empresas privadas. O estado tem apenas que *garantir* que os serviços públicos são colocados à disposição da população (dos clientes). Este *estado incentivador-garantidor* coloca-se ao nível dos agentes privados (atua como se fosse uma entidade privada, assumindo-se como uma espécie de *primus inter pares*) e subordina-se às regras do direito privado, para, deste modo, garantir a prossecução do interesse público com base na lógica do mercado. A solução reside, segundo os seus defensores, na "adoção preferencial de instrumentos de contratualização e de negociação" e na "auto-regulação privada", cabendo ao estado tão só proporcionar as condições para a "otimização do mercado".

Ao confiar a produção dos *serviços públicos* (historicamente entendidos como *serviços prestados à margem do mercado*) a empresas privadas que actuam segundo os mecanismos do mercado em busca da maximização do lucro, estes sociais-democratas-libertários talvez esperem que estas empresas sejam guiadas por uma qualquer *mão invisível* a prosseguir o interesse público. Mas a verdade é que, pelo sim pelo não, não se esquecem de assegurar que o *estado garantidor* tem o dever de garantir a *saúde económica das empresas* que operam nos setores dos serviços públicos essenciais, por entenderem que esta garantia é indispensável para garantir a prestação contínua de um serviço essencial.

Verdadeiramente, este *estado garantidor* é a nova veste do estado capitalista que garante ao grande capital o que o mercado não poderia garantir-lhe: *lucros sem riscos*. O *capitalismo sem riscos* (e também, ao menos para os bancos, *capitalismo sem falências*) é o 'socialismo' dos "socialistas modernos", "sensíveis aos ventos da História". As *parcerias público-privadas* são a grande invenção deste 'socialismo moderno'. Em Portugal todos sabemos muito bem quanto elas têm custado ao povo português e quanta corrupção elas têm gerado e encoberto.

Blair e o seu Chanceler do Tesouro Gordon Brown foram acérrimos defensores da abertura à concorrência internacional não só dos setores da energia e dos serviços financeiros, mas também dos *serviços públicos*. Em várias intervenções na *City* ao longo dos anos 2004-2006, Gordon Brown sempre se mostrou completamente rendido às maravilhas da globalização, porque "é a globalização que está a impulsionar as nossas economias." Pensava certamente na economia britânica, porque, em outro discurso, defendeu: "tal como a industrialização do século XIX foi feita para a Grã-Bretanha, no século XXI a globalização também será feita para a Grã-Bretanha", porque "a Grã-Bretanha é feita para a globalização e a globalização é feita para a Grã-Bretanha."

Gordon Brown acentua sempre a ideia de que a *City de Londres* (que representa cerca de 7% do PIB do Reino Unido) já é "o mercado de capitais do mundo": Londres é a cidade do mundo com mais sucursais e filiais de bancos estrangeiros; a *City* representa 30% do mercado de câmbios mundial; pela Bolsa de Londres passam 70% das operações do mercado secundário de títulos e 40% do mercado de produtos financeiros derivados (é o maior centro comercial de títulos estrangeiros do mundo). Por isso entende que o RU está em condições ideais para tirar partido da globalização, recorrendo à deslocalização de empresas para aproveitar «as vantagens de produção disponíveis nas economias emergentes" [digo eu: mão-de-obra barata e sem direitos], reservando para si o que, a seu ver, dita a vantagem dos países dominantes, o domínio do «design, da ciência, da tecnologia, das finanças, do marketing e da gestão."

Para ter êxito nesta estratégia colonialista, o RU só precisava de libertar a economia das teias da regulação exagerada (para garantir "os padrões de que uma boa sociedade precisa"), "deitar abaixo as barreiras que travam a atividade das empresas", confiando sempre em que "as empresas querem agir de forma responsável" (é o que decorre do conceito de "empresa responsável"), flexibilizar o mercado de trabalho e reduzir os impostos sobre os rendimentos do capital (realçava sempre que já os tinha baixado e que, "orçamento após orçamento, queremos fazer mais, muito mais mesmo, para incentivar os tomadores de risco").

Foi um governo de Tony Blair que concretizou definitivamente e deu toda a amplitude a um velho projeto conservador (a *Private Finance Initiative*, lançada em 1992 pelo Governo de John Major), que abriu às empresas privadas os setores (o 'negócio', a 'indústria') da saúde e da educação. Seguiram-se as estradas, as prisões, as tecnologias de informação, o fomento da habitação social, as bibliotecas, a iluminação pública, etc. Este lucrativo negócio (para o qual *o estado garante lucro sem risco*), foi mesmo além do que os conservadores tinham projetado, a ponto de estes (oportunisticamente, sem dúvida) se terem dissociado dele, alegando que nunca o tinham pensado como um expediente para conseguir financiamentos públicos para negócios privados.

Tony Blair – que sempre se opôs às *políticas keynesianas de redistribuição do rendimento*, com o argumento de que nada deverá estorvar a criação de riqueza – defendia em 1998: "não existe uma política económica para a esquerda ou para a direita, mas sim políticas que são eficazes ou que o não são."

A certa altura, o Governo de Tony Blair invocava a seu favor as estatísticas sobre a baixa da taxa de desemprego. Entretanto, os estudiosos começaram a dar-se conta de que o RU tinha mais pessoas doentes do que qualquer outro grande país (mais de 2,5 milhões de pessoas nestas condições). O mistério foi desvendado por um estudo de professores da Universidade de Sheffield: entre os 'doentes' estavam mais de um milhão de desempregados que se queriam esconder. Como? Os desempregados de longa duração (desempregados há mais de um ano) deixavam de receber subsídio de desemprego e passavam a receber *subsídios por invalidez* (DLA – Disability Living Allowance) ou *subsídios por incapacidade parcial* (IB – Incapacity Benefit). Melhoravam as estatísticas do desemprego, mas não diminuía o número de desempregados: estes eram colocados numa espécie de antecâmara à espera da morte.

Os resultados das políticas *blairistas* inspiradas na ideologia neoliberal dominante são eloquentes: em 2006 os lucros das cem empresas que integram o *Financial Times Stock Exchange* foram 7 vezes superiores aos de 2003. No fim dos anos Thatcher, 1% dos britânicos (os mais ricos) possuíam 17% da riqueza nacional; as políticas dos governos trabalhistas que se seguiram alcançaram um êxito ainda maior: aquela percentagem aumentou para 21%, cabendo 6% aos 50% mais pobres. Onze milhões dos 60 milhões de britânicos vivem na pobreza e a UNICEF coloca o RU no último lugar dos países da OCDE no que toca ao bem-estar das crianças. Um estudo do *Institute of Fiscal Studies* (segundo os jornais de janeiro/2011) mostra que a parte do rendimento do trabalho no rendimento nacional do RU baixou de 65% em 1975 para 53% em 2007.

15. Regressemos à França. Em 1991, François Hollande publicou, juntamente com Pierre Moscovici (que foi diretor de campanha e foi Ministro de Hollande antes de ser promovido a Comissário Europeu, uma espécie de administrador do *holding* que gere os interesses do grande capital à escala da União Europeia), um livro intitulado *L'Heure des Choix*. Nele anunciavam uma *viragem necessária* no ideário socialista, que viria a marcar o projeto político de Holande quando chegou à Presidência da República: "Esta viragem – escreveram os dois dirigentes do PSF – não é vergonhosa nem injustificada. Ela é uma etapa necessária no processo europeu." Mais uma vez, o *deus-Europa* é invocado para justificar as escolhas feitas, os *dogmas* impostos pela 'fé europeia'. Creio, porém, que ambos tinham a consciência de que a "viragem" que anunciavam era, em boa verdade, uma traição e uma *vergonha*, que eles procuravam 'justificar' como um 'sacrifício' ao *deus-Europa*. Reproduzindo o discurso tradicional da direita, também eles procuravam *negar as ideologias*, invocando que *não há alternativa* às suas *políticas de direita*.

Esta "viragem" foi objeto de duras críticas por parte de alguns dirigentes do PSF que, opondo-se à orientação oficial do partido, fizeram campanha pelo NÃO à chamada *Constituição Europeia*, durante o período de debate público (2004/2005) que antecedeu o referendo que viria a reprovar tal 'constituição'. Jean-Pierre Chevènement – várias vezes ministro de governos socialistas – caraterizou esta 'esquerda' como «uma mescla de 'realismo económico', de anticomunismo renovado e de espírito social cristão."

Mais tarde, houve quem falasse de *esquerda choramingas* (Frédéric Lordon) para caraterizar esta 'esquerda' que fala da pobreza e do desemprego com uma lágrima ao canto do olho, mas que se recusa a analisar as questões fundamentais que estão na raiz das crises, do desemprego e da pobreza, correndo sérios riscos de não perceber nada do que se passa à sua volta e 'justificando' a realidade como uma consequência *inevitável* da 'globalização'.

16. No âmbito do debate sobre o projeto de *constituição europeia*, um grupo de personalidades social-democratas (entre as quais Jacques Delors e António Guterres) trouxe a público, através da internet, uma *Petição* na qual se defende, a inclusão de um artigo com esta redação:

> "A construção da União não pode fazer-se apenas através do mercado. O interesse geral não pode ser a soma dos interesses privados que o mercado exprime. A longo prazo, o desenvolvimento sustentável, o respeito pelos direitos fundamentais, bem como a coesão dos territórios não podem ser assegurados de forma duradoura pelas

regras da concorrência. Por isso a União reconhece, em igualdade com o princípio da concorrência, o princípio do interesse geral e a utilidade dos serviços públicos. A União vela pelo respeito pelo princípio da igualdade no acesso aos serviços de interesse geral para todos os cidadãos e residentes. Esforça-se, juntamente com os estados--membros, cada um no quadro das suas competências, por promover os serviços de interesse geral enquanto garantes dos direitos fundamentais, elementos do modelo social europeu e vínculos de pertença à sociedade do conjunto de cidadãos, cidadãs e residentes. Cada estado-membro é chamado a assegurar o seu funcionamento e o seu financiamento. Uma lei-quadro europeia precisará estes princípios ao nível da União. A União vela para que se respeite o princípio da subsidiariedade e da livre administração das coletividades locais."

Nesta mesma *Petição*, os signatários propunham também que se acrescentasse um Título ao texto da CE, com esta introdução e estes dois primeiros artigos:

"Nós, povos unidos da Europa, não podemos aceitar por mais tempo que a precariedade, a pobreza e a exclusão diminuam a nossa coesão social e os próprios fundamentos das nossas democracias. A história do nosso continente mostra que a injustiça social pode provocar estragos consideráveis e pode inclusivamente dar lugar a épocas de horror. Diz-se que "as mesmas causas produzem os mesmos efeitos"... Nós rejeitamos que os nossos filhos sejam condenados a viver numa sociedade da precariedade. Nós não queremos que os nossos filhos conheçam o horror, no nosso território ou em outro lugar do planeta.

Artigo I – Em nome da dignidade humana, em nome dos valores que animavam aqueles que durante o século passado decidiram construir a paz, resolvemos fazer juntos todo o possível para construir uma sociedade de bem-estar, uma sociedade de felicidade pessoal e de coesão social. Damo-nos dez anos para conseguir alcançar estes cinco objetivos:

"1º um emprego para todos: uma taxa de desemprego inferior a 5%;

2º uma sociedade solidária: uma taxa de pobreza inferior a 5%;

3º um teto para cada um: uma taxa de alojamentos inadequados não superior a 3%;

4º a igualdade de oportunidades: uma taxa de analfabetismo na idade de 10 anos inferior a 3%;

5º solidariedade com os povos do Sul: uma ajuda pública ao desenvolvimento superior a 1% do PIB.

Aos estados que não satisfaçam estes critérios sociais em 2015 aplicar-se-ão sanções comparáveis às destinadas aos países que não respeitam os critérios de Maastricht.

Artigo II – Para facilitar a consecução deste objetivo de coesão social, a política aplicada pelo Banco Central Europeu prossegue um duplo objetivo: lutar contra a inflação e sustentar o crescimento económico. Estes dois objetivos têm o mesmo grau de prioridade."

O que se propunha não era, obviamente, nada de subversivo. Tratava-se apenas de uma tentativa para salvaguardar o chamado *modelo social europeu* enquanto bandeira da social-democracia europeia, a partir do entendimento de que a sua salvaguarda *não pode garantir-se através do mercado*, porque este 'modelo' convive mal com as regras da *economia de mercado aberto e de livre concorrência*.

Pois bem: nem no projeto de *constituição europeia* nem no *Tratado de Lisboa*, herdeiro directo daquela, os responsáveis pela sua aprovação levaram minimamente em conta a proposta daquelas personalidades tão insuspeitas de anti-europeísmo. Os ventos do neoliberalismo dominante, soprados pelos interesses do grande capital financeiro, não deixaram ouvir a voz do bom senso, que estas propostas veiculavam. A social-democracia oficial proclamou bem alto a sua fidelidade ao ideário neoliberal, sacrificando, friamente, o *estado social*.

17. Após a assinatura do *Tratado Que Estabelece Uma Constituição para a Europa* (24-10-2004), o NÃO à ratificação foi identificado com o caos [Daniel Cohn Bendit: "Se dissermos *não* a esta Constituição, imobilizamos a França e a Alemanha" (*Le Monde Diplomatique*, maio/2005); o SIM foi considerado como a fonte de onde jorra o leite e o mel....

Os defensores do NÃO foram tratados pelos fiéis do "pensamento único euro-beato" (Jacques Généreux) como hereges anti-europeus (a nova forma da velha *traição à pátria*, de triste memória em outras circunstâncias históricas), seguindo uma tradição que vem de longe. De resto, já em 1979 J.-P. Chevènement falava de «um verdadeiro terrorismo ideológico exercido em nome da Europa", sobretudo pela direcção do PSF.

Os estados nacionais chamados a ratificá-lo foram objeto de clara chantagem: os que não ratificassem a 'Constituição' ficariam à margem da História, afastados do 'paraíso europeu', isolados economica e politicamente, condenados ao *ghetto* dos sem futuro. Mais uma vez, o rolo compressor, a *política do facto consumado* (há quem fale de *método Monnet*), que tem caraterizado o processo de integração europeia, e tão ao gosto de todos os construtores de impérios.

Por esta altura, Dominique Strauss-Kahn (que foi Ministro de Mitterrand e só por uma questão de saias não foi o candidato do PSF às presidenciais) deu-nos esta notícia de espantar: "fizemos a Europa, agora é preciso fazer os europeus." Acreditaram que poderiam 'construir' a 'Europa' não apenas *contra os cidadãos europeus*, mas também *sem cidadãos* (hão-de ter pensado: fazem-se depois, talvez *made in China*, que ficam mais baratos...).

Os defensores da chamada constituição europeia não compreenderam que os povos, as nações e os estados não se abatem por decreto. Os parlamentos da França e da Holanda aprovaram, por maiorias esmagadoras (com os votos dos partidos socialistas), a dita *Constituição Europeia*. Mas os povos sabem que os estados nacionais soberanos constituem a matriz da liberdade e da cidadania, são a única entidade política que, nas condições actuais, pode opor-se às forças do capital, são o único espaço em que os trabalhadores podem, dentro da legalidade, organizar-se para defender os direitos que conquistaram, um a um, ao longo de séculos de sofrimento e de luta. Por isso, aqueles que foram ouvidos sobre ele 'chumbaram' o projeto de constituição, deixando a nu a inconsistência da democracia representativa: os representantes não atuam em conformidade com a vontade e os interesses dos seus representados, antes obedecem a outros mandantes.

Contra todos os poderes organizados, o NÃO ganhou. Porque *os povos rejeitam a Europa como ela é*, reconheceu Jacques Chirac logo na noite do referendo (29.5.2005). Dias depois, foi a vez de Hubert Védrine, ex-ministro socialista dos negócios estrangeiros e partidário do SIM, escrever em *Le Monde* (1.6.2005): "o que envenenou tudo foi a obstinação no sentido de se ridicularizar qualquer sentimento patriótico normal, de caricaturar quaisquer preocupações com o alargamento da União, mesmo legítimas e não xenófobas, de tornar suspeito qualquer desejo, perfeitamente normal, de as pessoas pretenderem conservar, no quadro da globalização, uma certa soberania sobre os seus destinos e a sua identidade, de varrer com desprezo qualquer crítica. Foi tudo isso, juntamente com a *insegurança social*, com a *insegurança identitária*, com o *sentimento de desapossamento democrático*", foi tudo isso que justificou o NÃO dos franceses. Pouco depois, escrevia Pierre Nora (também partidário do SIM, *Le Monde*, 4.6.2005): "Estamos a pagar pela ridicularização sistemática de qualquer manifestação de *apego à nação*. De forma consciente ou não, passou-se o tempo a ridicularizar e a negligenciar um inconsciente colectivo muito forte, sacrificando-o às *miragens de uma construção europeia*, a *uma Europa com falta de definição e de limites.*"

Por mim, creio que é necessário levar muito a sério os comentários de Védrine e de Nora. No entanto, por toda a Europa, os patriotas europeus fazem gala de afirmar que as ideias de soberania e de Pátria são coisas do passado, que só os 'dinossauros' da política defendem. Às vezes, dou comigo a pensar no desgraçado *slogan* do capital francês contra o Governo de Frente Popular na França, em 1936: *Plutôt Hitler que le Front Populaire*! A pátria da Revolução Francesa foi ocupada e humilhada pela Alemanha nazi.

18. Na sequência do debate sobre a *constituição europeia* e perante a vitória do NÃO, houve quem pensasse que se tinha encerrado um ciclo de construção da Europa, "o ciclo da mentira política institucionalizada, da hipocrisia, do ilusionismo e da abdicação generalizada da vontade." (G. Sarre)

Infelizmente, a realidade mostra, todos os dias, que se enganaram. Cientes de que os povos da Europa (os que foram ouvidos) rejeitaram esta 'Europa', os europeístas militantes deitaram fora os compromissos assumidos e ridicularizaram a soberania popular, e, em dez/2007, aprovaram o *Tratado de Lisboa* (igualzinho à 'constituição' rejeitada), "à porta fechada" (Habermas), no ambiente protegido dos parlamentos, que já tinham aprovado a 'Constituição' que os povos rejeitaram (se fizéssemos novo referendo, o Tratado de Lisboa não passaria, confessou Sarkozy no Parlamento Europeu).

Creio que Régis Debray tem razão quando escreve, em livro recente, que "o culto europeísta constitui a primeira religião secular". Os dogmas desta nova 'religião' são defendidos pelos seus prosélitos com tanto fervor como o que a Santa Inquisição exibia na defesa dos dogmas que lhe cabia proteger de todas as heresias, com os métodos que conhecemos. Por toda a Europa (e também no nosso País) aqueles que põem em causa os *mitos* e os *dogmas* da *Europa alemã* são vistos como *inimigo interno*. Considerados *hereges*, não são queimados nas fogueiras da Inquisição (porque não há lenha disponível para as acender), mas são silenciados em tudo o que é televisão e nos grandes meios de comunicação de massas (ou de *manipulação* de massas). É uma nova maneira de tentar 'matá-los' no terreno do debate das ideias, no terreno da luta ideológica. Mesmo nas universidades, são completamente ignorados, considerados como inexistentes. Lamento muito ter de dizer isto. Mas não ficaria de bem com a minha consciência se não dissesse aquilo que penso. Neste tempo de *totalitarismo ideológico*, esta é a liberdade que nos resta, em todas as circunstâncias: pensar o que dizemos e dizer o que pensamos.

19. Durante a campanha eleitoral para o cargo de Presidente da República (2007), foi esta a chave do programa de desenvolvimento aprersentado pela candidata socialista Ségolène Royal: "Relançaremos o crescimento económico porque reconciliaremos os interesses das empresas e os interesses dos assalariados."

Talvez ingenuamente (quem sabe?...) a Sr.ª Ségolène repetia Adam Smith (e Friedrich Hayek): assegurado o crescimento económico, o resto vem por si, não sendo necessárias quaisquer *políticas ativas* para promover maior igualdade e maior justiça social. E como, para haver crescimento económico é necessário investimento privado e só haverá investimento privado se houver lucros fartos, ela lançou este repto aos empresários do seu país: "Façam lucros, aumentem os vossos rendimentos!" O velho Turgot disse o mesmo, há uns séculos atrás, inspirado na *teologia da Reforma*: "enrichissez-vous, par le travail et par l'épargne."

Perante a vitória da direita (que colocou Sarkozy na Presidência e garantiu maioria absoluta na Assembleia Nacional) Ignacio Ramonet concluía (2007) que a ala social-liberal do Partido Socialista francês (da qual saíram quatro dos ministros do Governo Sarkozy) passou a integrar o espaço da direita liberal, projetando para breve a derrota total do PS francês, em consequência das políticas que adotou desde Mitterrand, que se traduziram em "bloquear os salários, suprimir postos de trabalho, liquidar as zonas industriais e privatizar uma parte do setor público, (...) aceitando a missão histórica de 'adequar' a França à globalização, de a 'modernizar' à custa dos assalariados e em proveito do capital." Este tem sido, nas últimas décadas, o percurso ideológico e político da social-democracia europeia.

20. Como todos recordaremos, o candidato François Hollande fez campanha proclamando que o seu inimigo era o capital financeiro. Para melhor o combater, foi buscar a colaboração de alguém que conhecia o 'inimigo' por dentro, o alto quadro do Banco Rothchild Emmanuel Macron, nomeado Secretário-Geral do Eliseu e depois Ministro da Economia.

Uma vez Presidente, Hollande elegeu "as empresas" como o seu *herói colectivo* e passou a olhar os trabalhadores como os 'privilegiados' que têm de ser chamados a pagar a crise. Ao anunciar (15.1.2014) o que chamou *Pacto de Responsabilidade*, Hollande defendeu a tese (de Hayek e de Milton Friedman) segundo a qual «os custos indiretos do trabalho" (os descontos para a segurança social) "são um dos principais entraves ao crescimento do emprego", eliminando a contribuição patronal que financia as prestações sociais em benefício das famílias, entregando de mão beijada ao patronato cerca de 35 mil milhões de euros, retirados do financiamento do sistema público de segurança social. Argumento: esta "redução dos custos do trabalho" destina-se a "simplificar e facilitar a vida das empresas." Quem fala assim não é gago...

A lógica do *Pacto de Responsabilidade* é a que carateriza o que Hollande e os *hollandistas* gostavam de chamar "socialismo da oferta":

a salvação dos trabalhadores, da economia e da pátria está nas empresas. Por isso, às empresas tudo é devido, para que elas possam realizar o *milagre da salvação* (salvação dos trabalhadores, da economia e da pátria).

Em 17.1.2014, o porta-voz de Hollande proclamava: "A política económica do Governo não é de direita nem de esquerda, ela é necessária." É, mais uma vez, a inglória tentativa de *matar as ideologias*, como quem se quer livrar da peçonha. É, mais uma vez, a defesa de um 'socialismo' à moda da Sr.ª Thatcher: *There is no alternative...*, não há *alternativa* ao capitalismo e ao neoliberalismo.

Mas Hollande sabe muito bem que a sua política é de direita. Em 2015/2016, confessou aos jornalistas Gérard Davet e Fabrice Lhomme (autores do livro *Un Président ne devrais pas dire ça – Les secrets d'un quinquennat*, Paris, Stock, 2016, 672 páginas) que pensava em mudar o nome do PSF para *Partido do Progresso*, porque, segundo ele, "é necessário um ato de liquidação, é necessário fazer haraquíri."

O ponto alto da viragem à (extrema)-direita por parte de Hollande é a *Lei El Khomri*, impulsionada por Manuel Valls e Emmanuel Macron: cortam-se direitos históricos dos trabalhadores com o argumento de que este é o caminho para "libertar o crescimento" e para "desbloquear o País". E o Presidente La Palisse justifica: "só conseguiremos reduzir o desemprego se as empresas criarem empregos", pelo que é preciso "facilitar a vida das empresas." O empenho de Hollande neste projeto reacionário foi ao ponto de ter pedido a Pierre Gattaz, 'patrão' do grande patronato, que convencesse o maior número de deputados da direita a votar favoravelmente a proposta de lei na Assembleia Nacional. Agora, Macron quer ir ainda mais longe na luta contra os trabalhadores e os seus direitos.

Em outubro/2011, o porta-voz do PSF, confessava que "uma parte da esquerda europeia [a social-democracia europeia], à semelhança da direita, deixou de pôr em causa que é preciso sacrificar o estado-providência para restabelecer o equilíbrio orçamental e agradar aos mercados." O sacrifício do *estado social* às exigências do projeto Europa (às exigências dos "mercados", i. é, às exigências do grande capital financeiro) por parte destes "socialistas modernos" esquece o alerta de Mark Blyth: o *estado social* é "uma forma de seguro de ativos para os ricos", mas "aqueles que detêm a maioria dos ativos andam a fugir ao pagamento do prémio de seguro"... As consequências podem ser dramáticas, sobretudo para os que, em caso de 'acidente grave', sofrerão as consequências de não haver seguro. Mesmo os titulares dos ativos não segurados podem estar apenas a repetir a *história do aprendiz de feiticeiro...*

Tem razão Júlio Mota quando escreve (Blogue *A Viagem dos Argonautas*, 21.10.2014) que "uma esquerda que age desta forma [face ao neoliberalismo meter a cabeça na areia] torna-se tanto ou mais perigosa que a própria direita, porque a sua capacidade de manipulação e de convencimento é claramente superior."

21. Quando, em 2008, a crise que teve início nos EUA contaminou a Europa, os socialistas europeus fizeram coro (por vezes como solistas) com os que se esforçaram por fazer crer que esta não era uma *crise do capitalismo*, talvez por pensarem que *o capitalismo é eterno* (é *o fim da História*) e que *não há alternativa ao capitalismo* (eles são capitalistas no que toca à produção, acreditando nas virtudes da *concorrência livre e não falseada* e no *comércio livre...*).

- Houve quem sustentasse que esta *crise estrutural do capitalismo* era, afinal, uma *crise do neoliberalismo*. Como se o neoliberalismo fosse alheio ao capitalismo, algum produto exotérico inventado por 'filósofos' diletantes que não têm mais nada em que pensar. Confortados com esta 'descoberta', logo trataram de esconjurar o neoliberalismo, como quem esconjura os fantasmas. O Primeiro-Ministro português da altura (Secretário-Geral do PS) logo 'decretou' que *o neoliberalismo morreu* (como o comunismo morreu há vinte anos...). Numa verdadeira competição para saber quem ganhava o prémio do oportunismo, os socialistas foram ultrapassados pela esquerda por Sarkozy, que se apressou a defender a "refundação global do capitalismo, (...) pois a ideologia da ditadura dos mercados e do estado impotente morreu com a crise."

- Alguns descobriram que o que falhou foi a *regulação* e o *estado regulador*, fazendo crer que não sabem que o estado regulador foi inventado, depois de terem privatizado tudo, para desregulamentar os sectores estratégicos e dos serviços públicos, tarefa que nem sequer foi entregue ao *estado enquanto tal* (o estado regulador é um *pseudo-estado...*) mas a *agências reguladoras independentes*, que não prestam contas perante nenhuma instância política democraticamente legitimada (por isso as quiseram 'independentes'!) e são sempre dirigidas por gente comprometida com os interesses dos regulados e 'capturada' por estes.

Sendo certo que a atividade reguladora se exerce "em domínios setoriais onde a pressão dos *lobbies* é sentida com particular intensidade"

(Susana Tavares da Silva), são muito sérios os riscos de os interesses e as pressões dos regulados (as poderosas empresas que dominam os setores regulados e as suas associações representativas) exercerem uma influência sensível (dominante?) sobre os reguladores. Até porque estes (em regra vindos das empresas reguladas), terminado o mandato e passado algum eventual período de 'impedimento', terão, naturalmente, o desejo (ou a ambição) de regressar aos seus antigos locais de trabalho, e certamente a cargos mais destacados e melhor remunerados do que aqueles que ocupavam antes de se transferirem para as entidades reguladoras.

Num livro de 2013, Joseph Stiglitz veio confirmar este meu ponto de vista: os grandes patrões dos setores regulados "usam a sua influência política de modo a nomear para as agências reguladoras personalidades complacentes com os seus objetivos." E como sabem muito bem que "a persuasão se torna mais fácil se o alvo dos seus esforços começar por assumir uma posição complacente", contratam exércitos de *lobbistas*, verdadeiros exércitos mercenários cuja missão é "garantir que o Governo nomeia reguladores que já foram 'capturados' de uma forma ou de outra." O antigo Presidente do Conselho de Assessores Económicos do Presidente Clinton sabe do que fala, certamente por experiência própria. E não se esquece de sublinhar: "os que se encontram na comissão reguladora são provenientes do setor que é suposto regularem e aí regressam mais tarde. Os seus incentivos e os da indústria estão bem alinhados, ainda que estejam desalinhados com o resto da sociedade. Se os da comissão reguladora servem bem o secor, são bem recompensados na sua carreira pós-governamental." Quem sabe, sabe.

- Outros disseram que a crise foi uma espécie de *crise de costumes*, resultante da *falta de ética do setor financeiro*.

A Comissão Europeia reconhece (Documento de 7.10.2010) que "o setor financeiro é o responsável pela ocorrência e pela envergadura da crise." E o *Relatório Podimata* (aprovado pelo Parlamento Europeu em fevereiro/2017) sublinha que "o setor financeiro abdicou, em grande medida, do seu papel de financiador das necessidades da economia real."

Se pusermos de lado a linguagem diplomática, o *Relatório* quer dizer que o setor financeiro utilizou os depósitos dos seus clientes (as poupanças da comunidade) em negócios de pura *especulação* (em linguagem cifrada, a Comissão fala de "comportamentos particularmente arriscados").

O *Relatório Podimata* sublinha igualmente que os estados gastaram "milhares de milhões de dólares para salvar os principais atores do setor financeiro" e que "os contribuintes [i.é, os trabalhadores] suportam hoje a maior parte do custo da crise, não apenas através de contribuições diretas, mas também em consequência do aumento de desemprego, da diminuição dos rendimentos, da redução do acesso aos serviços sociais e do agravamento das desigualdades." E a própria Comissão Europeia (Documento de 28.9.2011) põe em relevo "a actual sub-tributação do setor financeiro", e o facto de serem "os cidadãos e os estados europeus, na rectaguarda, que aracaram com os custos."

No final de 2011 (*Les Échos*, 16.12.2011), até o todo-poderoso Ministro das Finanças alemão veio reconhecer que "a cupidez e a procura de lucros cada vez mais elevados nos mercados de capitais" têm "responsabilidade na crise bancária e económica, e depois na crise de países inteiros, com a qual estamos confrontados desde 2008."

São muitos os altos responsáveis a reconhecer a responsabilidade do grande capital financeiro na crise económica e social que tem assolado a Europa. Os dirigentes dos 'países dominantes' sabem muito bem onde nasce o rio das nossas desgraças, porque eles estão entre os que alimentam o caudal desse rio de águas turvas. Por isso não se extrai nenhuma consequência daquele diagnóstico, apesar de a honestidade intelectual e política exigir que se fizesse pagar a crise aos que são responsáveis por ela, defendendo os povos europeus da cupidez dos especuladores. Ao invés, inventam-se razões para culpar as vítimas das suas próprias desgraças e castigam-se os 'povos do sul' com violentíssimos *programas de austeridade*, 'penitências' para expiar 'pecados' que não cometeram. Simultaneamente, obrigam-se os estados 'endividados' a endividar-se ainda mais, para que o capital financeiro possa receber os seus créditos e possa continuar a especular, para ganhar "lucros cada vez mais elevados", à custa dos salários, dos direitos e da dignidade dos trabalhadores e da soberania desses estados-membros da UE. É o crime sistémico, o crime perfeito e impune.

Mas a Comissão Europeia – sendo Comissário responsável pela economia o socialista Pierre Moscovici – tem estado sempre na linha da frente das *políticas de austeridade*, impostas pelo "poder político dos bancos franceses e alemães" e prosseguidas impiedosamente pela Comissão e pelos "Governos que identificam os bancos como campeões nacionais a proteger (…), colocando os interesses dos bancos à frente dos interesses dos cidadãos, (…), uma relação quase corrupta entre bancos e políticos: muitos políticos seniores ou trabalharam em bancos ou esperam trabalhar depois." Este verdadeiro império do capital financeiro é salientado por Philippe Legrain (que foi conselheiro do

Presidente da Comissão Europeia Durão Barroso – *Público*, 11.5.2014). Quem viveu as coisas por dentro sabe do que fala.

22. Os socialistas europeus esqueceram a tese inicial que atribuía a crise à falta de ética do setor financeiro e aos excessos do mercado. E, mais uma vez, esqueceram Keynes, que defendeu a "eutanásia do rendista", a necessidade do controlo público da poupança e do investimento da comunidade, a necessidade de políticas públicas que combatam as enormes desigualdades na distribuição do rendimento (que prejudicam o crescimento económico e favorecem as crises cíclicas), que combatam o desemprego (em vez de combater os desempregados) e promovam o pleno emprego, com base no reforço planeado do investimento público (financiado com base no recurso ao crédito).

Talvez para introduzirem *ética no mercado* e *moral na política*, têm promovido e apoiado as *políticas de austeridade* destinadas a castigar os povos europeus, especialmente os *preguiçosos povos do sul*, que sempre gostaram de viver sem trabalhar (embora trabalhem muito mais horas do que os 'virtuosos' alemães), acima das suas posses (o socialista holandês que preside ao Eurogrupo veio há pouco a público acusar-nos de gastar a 'ajuda' dos povos virtuosos em "álcool e mulheres". E permaneceu no cargo, apesar do protesto – honra lhe seja – do Governo português).

Na Comissão Europeia e em vários governos da Europa, os socialistas não se cansam de invocar que *não há alternativa* a tais políticas: só a redução das despesas públicas (sobretudo as despesas de investimento e as despesas sociais), a 'flexibilização' da legislação laboral e o corte dos salários e dos direitos dos trabalhadores pode restabelecer a competitividade das economias, facilitando a vida às empresas e alimentando a *confiança* dos empresários, que logo correrão a fazer investimentos para promover o crescimento e o emprego. Esquecem o que Adam Smith deixou muito claro: os empresários só investem se esperarem obter lucros, e só poderão esperar obter lucros de houver procura capaz de comprar os bens produzidos para serem vendidos por um preço que permita aos empregadores apropriarem-se do "valor que os trabalhadores acrescentaram ao valor das matérias-primas" (em linguagem marxista, apropriarem-se da mais-valia – caso contrário, surgem as crises, *crises de realização da mais-valia*).

Ninguém ignora que os custos destas políticas "têm sido e continuam a ser horrendous" (Mark Blyth). No que se refere a Portugal, socorro-me da leitura de Phillipe Legrain, já referenciado (*Público*, 11.5.2014): "a austeridade foi completamente contraproducente. (…)

A austeridade provocou em Portugal uma profunda, longa e desnecessária recessão económica (...), com consequências sociais trágicas. (...) As pessoas sofreram horrores, (...) a economia foi muito prejudicada (...) e a dívida pública é muito mais elevada do que teria sido [sem o programa de resgate imposto pela *troika*]. (...) Portugal está bem pior do que antes do Programa." Ninguém ignora, em suma, que "praticamente não há exemplos de países que tenham recuperado de uma crise através da austeridade." (J. Stiglitz)

As *políticas de austeridade*, inspiradas no breviário neoliberal, visam apenas transferir para o grande capital financeiro os ganhos da produtividade resultantes do desenvolvimento científico e tecnológico, modificando, em benefício do capital (já beneficiado pela *mundialização do mercado de trabalho*), a correlação de forças entre o capital e o trabalho. Nomeadamente em espaços como a zona euro, em que está vedado o recurso à *desvalorização da moeda* (que, há anos, fazia parte de todos pacotes do FMI) a chamada *desvalorização interna* é apontada como a *única alternativa* para combater a crise. Mas ela é, verdadeiramente, uma violenta política anti-trabalhadores, imposta pela *ditadura do grande capital financeiro* contra os que vivem do seu trabalho.

Estas políticas conduziram vários países à falência para evitar a falência de bancos *demasiado grandes para falirem* (*too big to fail*). Elas têm condenado os países devedores ("a nova classe baixa da EU") a sofrer "perdas de soberania e ofensas à sua dignidade nacional" (Ulrich Beck). Elas constituem *pecados contra a dignidade dos povos* (confissão pública de Jean-Claude Juncker, não seguida do arrependimento e da vontade de não mais voltar a pecar...) e exigem às suas vítimas (os pobres dos países mais pobres) "sacrifícios humanos em honra de deuses invisíveis" (Paul Krugman), i. é, constituem *verdadeiros crimes contra a humanidade*.

No âmbito europeu, as *políticas de austeridade* têm sido declaradas contrárias às constituições e a tratados internacionais (nomeadamente a Convenção relativa à OIT e a Convenção Europeia dos Direitos do Homem) a que se encontram vinculados.

Em Junho/2012, a Assembleia Parlamentar do Conselho da Europa manifestou, em resolução, a sua preocupação pelo facto de as políticas de austeridade estarem a afetar negativamente a democracia e os direitos sociais dos países condenados a pô-las em prática.

Também em 2012, o Comité Europeu dos Direitos Sociais do Conselho da Europa considerou contrários à Carta Social Europeia várias normas adotadas no quadro da 'flexibilização' da legislação laboral, nomeadamente em matéria de despedimentos, do direito à remuneração e do direito efetivo à segurança social (posto em causa pela redução das pensões de reforma e pela sujeição dos aposentados a taxas de solidariedade que mais ninguém paga).

Ainda em 2012, a OIT proclamou que as medidas adotadas nos países submetidos às políticas de austeridade que vieram permitir a suspensão ou a anulação de convenções coletivas de trabalho e a adoção de procedimentos menos favoráveis aos trabalhadores violam gravemente os princípios fundamentais da liberdade de negociação coletiva e da inviolabilidade das convenções coletivas.

O próprio TJUE já 'censurou' as medidas tomadas no âmbito do Mecanismo Europeu de Estabilidade porque elas escapam ao controlo parlamentar e ao controlo judiciário, não admitindo sequer recurso para o TJUE.

Já em 2014, foi a vez de o Parlamento Europeu declarar, no relatório sobre as atividades da troika, que os memorandos 'negociados' entre a troika e os estados vítimas deles escaparam a qualquer controlo sério pelos parlamentos nacionais e pelo Parlamento Europeu e que muitas das decisões tomadas pela Comissão Europeia no âmbito de tais 'memorandos de entendimento' foram tomadas em contradição com as suas obrigações enquanto guardiã dos Tratados. (I. Schöman).

De vários lados vem a crítica de que aquelas não respeitam os princípios e as normas da *Carta dos Direitos Fundamentais*. Segundo os jornais, o Presidente da Comissão Europeia reconheceu isto mesmo não há muito, confessando simultaneamente o expediente utilizado para evitar o controlo jurisdicional daquelas políticas, que *pecam contra a dignidade dos povos* (segundo o mesmo Presidente): nem a *troika* nem o *Mecanismo Europeu de Estabilidade* (que vêm impondo tais políticas em nome da UE) são instituições da UE, pelo que não estão obrigadas a acatar a ordem jurídica comunitária. Todos sabemos que o *grande crime organizado* recorre, sistematicamente, a expedientes deste tipo para fugir às malhas da lei. Agora ficamos a saber que a UE, enquanto órgão do poder político do *capitalismo do crime sistémico*, faz o mesmo.

23. As coisas atingiram proporções inadmissíveis no caso da Grécia. Até o *Financial Times* reconheceu (27.1.2015) que "o reembolso da dívida implicaria que a Grécia se transformasse numa economia escrava."

A verdade é que, após a eleição do Syriza, com base num programa que defendia a necessidade de renegociação da dívida grega e o fim das políticas de austeridade, o Presidente do Parlamento Europeu (o social-democrata Martin Schultz, que gostava então de se fazer passar por homem de esquerda, não foi capaz de esconder que preferia um "governo de tecnocratas" ao governo que acabava de ser eleito. Foi o que tinham feito quando o socialista George Papandreou ousou discordar um pouco dos *marcozys*: puseram-no na rua e impuseram ao povo grego uma *junta civil* (J. Halimi) liderada pelo banqueiro Lucas Papademus.

Em 18.2.2015, o Eurogrupo, liderado por um socialista holandês, avisou o novo Governo grego de que não poderia contar com o apoio da UE se não aceitasse continuar as *políticas de austeridade*.

Pouco antes do referendo sobre as políticas de austeridade convocado na Grécia, o mesmo Martin Schultz foi de extrema violência e arrogância para com o povo grego (*Expresso*, 7.7.2015): se votarem contra as *políticas de austeridade*, isso significará o fim imediato do financiamento europeu – "os salários não poderiam ser pagos, o sistema de saúde deixaria de funcionar, o fornecimento de eletricidade e o sistema de transportes públicos ficaria paralisado." Conhecido o resultado do referendo (dando uma grande lição de dignidade ao mundo, 67% dos gregos votaram contra as *políticas de austeridade*: a *resistência* venceu o *colaboracionismo*), coube ao Presidente do SPD (Vice-Chanceler da Alemanha) fazer a declaração de guerra (5-7-2015): "destruiram a última ponte sobre a qual um compromisso poderia ter sido alcançado."

Parece mentira, mas é verdade.

Ianis Varoufakis (Ministro das Finanças do Governo grego) reconheceu que o seu Governo tinha "cedido em nove décimos das exigências dos seus interlocutores", na esperança de conseguir "qualquer coisa que se parecesse com um acordo honroso." Só que – diz ele – as "instituições" que representavam os *credores* "tinham apenas um objetivo: humilhar o nosso Governo e fazer-nos capitular", humilhando todo um povo. O Ministro Varoufakis não se conteve: "o que estão a fazer à Grécia tem um nome: terrorismo." Nestas *negociações terroristas* participaram alguns governos socialistas e alguns dos mais altos dirigentes dos partidos socialistas e sociais-democratas da Europa.

No início de agosto/2015, a França de Hollande (que passou a integrar, abertamente, a *Europa de Vichy*, capitulacionista e colaboracionista) apresentou, na mesa das 'negociações', esta proposta vergonhosa (e cínica): reservar o euro para um núcleo duro de sete países (os *sete magníficos*, os *donos da 'Europa'*) e criar um *euro fraco* para os restantes. Estes são os mais fracos (os *devedores*), que se sabe vão continuar a ficar cada vez mais fracos e mais pobres. Para isso estão a destruir as suas economias e baixar os salários e os direitos dos trabalhadores, sabendo que uma economia assente em mão-de-obra barata só poderá tornar-se ainda mais pobre. E, pelos vistos, os 'pobres' não têm lugar no *clube dos ricos* que é a UE, a menos que aceitem transformar-se em *economias escravas* (*Financial Times*) no seio da UE imperialista. O *euro alemão* não oferece outra alternativa: aos 'pobres' só resta aceitar "as perdas de soberania" e "as ofensas à sua dignidade nacional" (Ulrich Beck) e o seu papel de *povos-escravizados-pela-dívida* e pela *impossibilidade de crescer* (como direi a seguir, este é o objetivo do *Tratado Orçamental* enquanto *pacto colonial/pacto de subdesenvolvimento*). Se não aceitarem a sua 'sorte', acabam por ser escorraçados do clube do euro. Se alguém pensou que o euro poderia ser uma espécie de cimento da 'Europa', a história da moeda única europeia desfez esse 'sonho lindo'. A proposta do socialista Hollande recordou-nos isto mesmo.

Procurando certamente desviar as atenções, o secretário-geral do PS francês tornou pública uma carta aberta ao povo alemão na qual diz que "a Europa não entende a obstinação do vosso país em seguir o caminho da austeridade." Quando o governo socialista de Hollande não fez outra coisa, esta declaração não pode ser levada a sério. O mesmo se diga do 'número' apresentado pelo Primeiro-Ministro italiano: "Eu digo à Alemanha: basta! Humilhar um parceiro europeu é impensável". É impensável, mas aconteceu. E com a sua conivência, Sr. Mateo Renzi…

24. Como se já não bastasse o Tratado de Maastricht, a social-democracia europeia aprovou, *em plena paz de consciência* (assim reconheceu o Secretário-Geral do PS português), o *Tratado Orçamental*, "um modelo político de marca alemã" (como tudo o que de relevante vem acontecendo na UE desde Maastricht), um produto imposto por uma Alemanha ciosa de afirmar "uma clara pretensão de liderança" numa "Europa marcada pelos alemães." (Habermas)

Este verdadeiro "golpe de estado europeu" (R.-M. Jennar) veio agravar o adquirido anterior, levando ainda mais longe o processo de substituição da política (e a prestação de contas que lhe é inerente em democracia) pela *aplicação mecânica de regras* (verdadeiros dogmas indiscutíveis, como é próprio dos dogmas) plasmadas neste e nos demais Tratados estruturantes da UE, todos praticamente petrificados, imutáveis, aspirando à eternidade.

Os órgãos do poder político eleitos pelo voto democraticamente expresso dos cidadãos são pouco mais do que marionetas comandadas a partir de Bruxelas ou de Frankfurt (ou a partir de Berlim, via Bruxelas e Frankfurt): não podem decidir sobre a emissão de moeda;

não podem desvalorizar a moeda; dependem dos «mercados» para se financiar (como uma qualquer *pessoa* ou empresa – uma verdadeira 'privatização' dos estados-membros da UE); não podem fixar e controlar as taxas de juro; não podem optar por um determinado nível de inflação que possa ajudar o crescimento económico; não podem decidir sobre o nível da despesa pública, sobre o montante do défice das contas públicas ou sobre a dimensão da dívida pública.

Jürgen Habermas faz esta leitura: "os chefes de governo comprometeram-se a implementar nos seus respectivos países um catálogo de medidas a nível da política financeira, económica, social e salarial que, na realidade, seriam da competência dos Parlamentos nacionais." Para os cidadãos dos estados-membros (especialmente os mais fracos), fica a suspeita de "os seus governos nacionais serem apenas atores no palco europeu" e de os parlamentos nacionais "se limitarem a aprovar obedientemente (...) as decisões prévias tomadas noutro lugar." Estas são soluções que não podem deixar de "corroer qualquer credibilidade democrática."

Felipe González (Entrevista ao *Expresso*, 5.1.2013) reconhece os perigos inerentes a este tipo de democracia: "Os cidadãos pensam, com razão, que os governantes obedecem a interesses diferentes, impostos por poderes estranhos e superiores, a que chamamos mercados financeiros e/ou Europa. É perigoso, pois tem algo de verdade indiscutível." Não tem algo, tem tudo de verdade, mas os socialistas europeus nada fazem para alterar este *perigoso* estado de coisas.

Reduzindo a política à mera *aplicação mecânica* de *regras iguais para todos* este Tratado esquece que a UE é constituída por países com situações e com histórias completamente diferentes e pretende asfixiar a democracia na União Europeia. Estas *regras alemãs* não são mais do que a transformação em *normas jurídicas* de doutrinas económicas altamente discutíveis mas com uma clara marca de classe (a *regra de ouro* do *equilíbrio orçamental*, que até há pouco era ridicularizada em todos os manuais; a regra do défice não superior a 3% do PIB; a regra da dívida não superior a 60% do PIB; a regra da independência dos bancos centrais, que se traduz na *privatização do estado*, colocado numa situação idêntica à de qualquer indivíduo ou empresa: quando precisa de dinheiro, vai aos bancos, cabendo a estes a *função de soberania* de decidir quais as despesas que financia e em que condições o fazem). Estas *regras alemãs*, para além de sujeitarem estados ditos soberanos à obediência ao catecismo alemão, visam impedir que as eleições possam mudar as políticas. É a substituição da política pelas regras, é a morte da democracia.

Este Tratado é um passo importante na construção de um novo *Leviathan*, invocando, no fundo, que os homens e os povos (ou alguns *povos do sul*) são incapazes de autogoverno. Creio sinceramente não exagerar quando digo que estamos perante um verdadeiro *pacto colonial* imposto pelos 'arianos' do norte aos 'bárbaros' do sul.

25. Em 1953, falando em Hamburgo para estudantes universitários, Thomas Mann exortava-os a construir uma *Alemanha europeia* e a rejeitar a ideia de uma *Europa alemã*. Este apelo foi recordado, recorrentemente, logo após a 'reunificação' da Alemanha. Hoje, não faltam razões, a meu ver, para temer que este apelo se tenha esfumado. A Alemanha, *cada vez mais alemã*, parece ter perdido (Habermas) "a consciência de uma herança histórico-moral comprometedora" que, durante alguns anos após a 2ª Guerra Mundial, ditou uma atitude de "moderação diplomática e disponibilidade para adotar também as perspetivas dos outros" (Habermas).

Em novembro/2011 o secretário-geral do partido da Srª Merkel proclamou no Congresso do seu partido: "Agora na Europa fala-se alemão."

Em certos círculos da intelectualidade alemã vem-se defendendo esta tese (revista *Merkur*, janeiro/2012): "sendo os estados representados no Conselho Europeu muito desiguais em dimensão e peso, seria irrealista pensar que eles podem coordenar-se em pé de igualdade. (…) Para funcionar, a União exige que o estado com mais população e riqueza lhe dê coesão e direção. A Europa precisa da hegemonia alemã, e os alemães têm de deixar de se mostrar tímidos no seu exercício."

Por alguma razão um homem tão do *stablishment* como Jean-Claude Juncker não foi capaz de calar o que lhe ia na alma, declarando, numa entrevista (30.7.2012): "a Alemanha trata a zona euro como se fosse uma sua filial." É caso para perguntar: aceitarão os povos da Europa oferecer à Alemanha, de mão beijada, o que Hitler não conseguiu pela violência e pela barbárie?

O novo poder da Alemanha, nesta Europa à deriva, que parece perdida na história, está, com razão, a assustar muita gente. Em julho/2012, o semanário inglês *New Statesman* proclamava: "A mania da austeridade de Angela Merkel está a destruir a Europa." Vai mais longe o antigo ministro alemão dos Negócios Estrangeiros, Joschka Fischer: "A Alemanha destruiu-se – a si e à ordem europeia – duas vezes no século XX. (…) Seria ao mesmo tempo trágico e irónico que uma Alemanha restaurada (…) trouxesse a ruína da ordem europeia pela terceira vez."

Dá arrepios ler isto. A História não se reescreve, mas também não se apaga. Não tenho tanta certeza de que não se repita. Muita gente reconhece, na Alemanha, que a *Europa alemã* está a levar demasiado longe a sua arrogância e a sua desumanidade para com os *povos do sul*. O mal-estar cresce por toda a Europa. "Nos países mediterrânicos – escreve Wolfgang Streeck –, e em certa medida na França, a Alemanha é hoje mais detestada do que nunca desde 1945." Mas 13% dos eleitores alemães acabaram de votar num partido cujos dirigentes dizem alto e bom som que não têm nada que se envergonhar do período em que a Alemanha nazi semeou a barbárie por toda a Europa.

Creio, porém, que, para mudar a *Alemanha alemã*, é importante que mude a atitude da *Europa de Vichy*, que se curva perante a *Europa alemã*, numa atitude típica de *colaboracionismo*. Ao contrário do que aconteceu na resistência ao nazi-fascismo, os partidos da social-democracia europeia, pelo menos de há umas quatro décadas para cá, têm colaborado com a *Europa alemã*, têm estado na primeira linha da defesa das *regras alemãs* com as quais se pretendem dominar os povos da Europa, destruindo as *soberanias nacionais* e fazendo dos *países do sul* verdadeiras *colónias* (meras *filiais* da *Grande Alemanha*). É urgente acordá-los, para que assumam as suas responsabilidades: *o sono da razão gera monstros!* Com os Hollande e os Macron não vamos lá. Com os Le Pen, muito menos.

26. É claro que alguns da *Europa de Vichy* que colaboram com a *Europa alemã* recebem compensações.

- Não há muito, interrogado por um jornalista numa conferência imprensa sobre a razão que levava a Comissão Europeia a castigar alguns países em virtude do défice excessivo, apesar de não fazer o mesmo com a França, o Presidente da Comissão Europeia, Jean-Claude Juncker, respondeu: "parce que c'est la France!" Voilá…, a *Europa* no seu melhor!
- Pouco depois, o Presidente Hollande confessava aos jornalistas Gérard Davet e Fabrice Lhomme (livro atrás referido) que tinha feito um acordo secreto com Durão Barroso, já renovado com J.-C. Juncker, nos termos do qual a França poderia falsificar as suas contas para esconder o défice excessivo e a Comissão Europeia fecharia os olhos para poder continuar a castigar os 'pecadores' mais pobres e indefesos. É isto a *solidariedade* na 'Europa'.

Parece incrível, mas é verdade. Porque nós ouvimos o que J.-C. Juncker disse na conferência de imprensa e, por parte da Comissão

Europeia, ninguém desmentiu a incrível confissão de Hollande que o incrimina a ele e a dois presidentes da Comissão Europeia. Nesta *Europa alemã*, tudo isto é possível. Até manter no seu posto de Presidente da Comissão Europeia um antigo Primeiro-Ministro de um dos países do euro que fez do seu país um paraíso fiscal e adotou práticas que prejudicaram em milhões vários estados-membros da UE que com ele compartilham a mesma moeda. Só não se toleram os *pecados* dos *povos do sul*, que gostam de *viver acima das suas posses* e *gastam em álcool e em mulheres*. O social-democrata holandês que disse em público esta ofensa aos 'povos do sul' mantém-se no seu posto. Alguém pode chamar democracia ao que se passa nesta 'Europa' sem honra nem vergonha, a que falta, em absoluto, o decoro institucional, o *sentido de estado*?

Que democracia é esta, em que o Presidente da Comissão Europeia chega ao Parlamento Europeu e diz: "o Parlamento Europeu é completamente ridículo. (...) Este Parlamento não é sério." Até pode ter razão, mas o Presidente da Comissão Europeia não pode referir-se nestes termos ao Parlamento Europeu!

27. É notório o descrédito do neoliberalismo no plano teórico e não há como esconder os resultados calamitosos das políticas neoliberais que marcam a *Europa alemã* com a cobertura da *Europa de Vichy*. Wolfgang Streeck tem inteira razão: "a integração europeia transformou-se numa catástrofe política e económica." Sobretudo após a crise do euro, "a Europa tornou-se alemã. (...) Mas dizê-lo abertamente significa quebrar um tabu." E "a Europa alemã – conclui Ulrich Beck – viola as condições fundamentais de uma sociedade europeia na qual valha a pena viver", porque ela é um mundo caracterizado pela "assimetria entre poder e legitimidade. Um grande poder e pouca legitimidade do lado do capital e dos estados, um pequeno poder e uma elevada legitimidade do lado daqueles que protestam."

Perante esta evidência, surgem algumas propostas reformistas (referi atrás as apresentadas por Jacques Delors e António Guterres). Uma boa parte delas vêm de autores alemães, que são, tanto quanto conheço, dos mais preocupados com os riscos desta *Europa alemã*. Ulrich Beck propôs um *novo contrato social europeu*, "uma nova era social-democrata a nível transnacional." Habermas propõe um projeto capaz de "civilizar e domesticar a dinâmica do capitalismo a partir de dentro." Mas não parece acreditar muito nele, porque, como ele próprio reconhece, a 'filosofia' e as consequências das políticas neoliberais são "dificilmente conciliáveis com os princípios igualitários de um estado de direito social e democrático."

Os reformistas de vários matizes estão, verdadeiramente, num impasse. A social-democracia europeia é hoje estruturalmente neoliberal e está interessada em manter Keynes morto e bem morto, para que ele não venha criar problemas de consciência a quem se submete, serenamente, às teses segundo as quais "as regras do jogo do capitalismo internacional" impedem quaisquer políticas sociais dignas desse nome (Michel Rocard) e segundo as quais "ninguém pode fazer política contra os mercados." (Joschka Fisher)

Desiludido, Habermas conclui que a UE se encontra numa encruzilhada entre "um aprofundamento da cooperação europeia e o abandono do euro", não escondendo a sua preocupação quanto à "possibilidade real do fracasso do projeto europeu."

E Ulrich Beck faz este diagnóstico da *Europa alemã*: "os países devedores formam a nova 'classe baixa' da EU", e "têm de aceitar as perdas de soberania e as ofensas à sua dignidade nacional. (…) O seu destino – conclui Beck – é incerto: na melhor das hipóteses, federalismo; na pior das hipóteses, neocolonialismo."

Venha o diabo e escolha…, porque, nestes tempos e com esta 'Europa', a 'solução' federalista não será, a meu ver, mais do que uma forma de (ou um caminho para o) *neocolonialismo*. Creio que é esta mesma convicção que justifica a conclusão deste autor: "a adesão a esta ideia de *mais Europa* [i. é, mais federalismo] é cada vez mais reduzida nas sociedades dos estados-membros da UE." Isto porque, a meu ver, os povos da Europa estão fartos das *políticas de austeridade*, que constituem *pecados contra a dignidade dos povos* (disse-o J.-C. Juncker) e que exigem às suas vítimas (os pobres dos países mais pobres) "sacrifícios humanos em honra de deuses invisíveis" (Paul Krugman)

28. Em livro recente, também Wolfgang Streeck analisa criticamente o processo em curso de *esvaziamento da democracia* como "uma imunização do mercado a correções democráticas", com vista a eliminar "a tensão entre capitalismo e democracia, assim como a consagração de um primado duradouro do mercado sobre a política." Na sua ótica, esta imunização pode ser levada a cabo "através da abolição da democracia segundo o modelo chileno dos anos 1970" [opção que entende não estar disponível atualmente], ou então «através de uma reeducação neoliberal dos cidadãos."

O *primado duradouro do mercado sobre a política* passa, entre outros, por estes caminhos: "os estados do capitalismo avançado devem ser reestruturados de forma a merecerem duradouramente a confiança dos detentores e dos gestores do capital, garantindo, de forma credível, através de programas políticos consagrados institucionalmente, que não irão intervir na 'economia' – ou, caso intervenham, que só irão fazê-lo para impor e defender a *justiça de mercado* na forma de uma remuneração adequada dos investimentos de capitais. Para tal – conclui o autor –, é necessário *neutralizar a democracia*, entendida no sentido da *democracia social* do capitalismo democrático do período pós-guerra, assim como levar por diante e concluir a liberalização no sentido da *liberalização hayekiana*, isto é, como *imunização do capitalismo contra intervenções da democracia de massas."*

A reflexão de Wolfgang Streeck [que não posso expor aqui em pormenor] ajuda-nos a perceber o que está em causa quando as vozes 'dominantes' nesta Europa à deriva falam de *reformas estruturais*, de *regras de ouro*, da *independência dos bancos centrais*, da *reforma do estado*, de *finanças sãs*, da necessária reforma do e*stado social*, do papel insubstituível das *agências reguladoras independentes*, dos benefícios da *concertação social*, da *flexibilização* do mercado de trabalho, da necessidade de *'libertar' a ação política* (nomeadamente da política financeira) *do controlo do Tribunal Constitucional.*

E alerta-nos também para outro ponto: estas soluções 'brandas' (apesar de 'musculadas' e até violentas) só serão prosseguidas se "o modelo chileno dos anos 1970" não ficar disponível para o grande capital financeiro. Se as condições o permitirem (ou o impuserem, por não ser possível continuar o aprofundamento da exploração dos trabalhadores através dos referidos métodos 'reformistas'), o estado capitalista pode vestir-se e armar-se de novo como *estado fascista*, sem as máscaras que atualmente utiliza.

Creio não errar dizendo que a social-democracia europeia (que fez do *projeto Europa* o seu único projeto: sem a 'Europa' será o caos...) tem grandes responsabilidades no decurso deste processo de integração europeia e de construção da *Europa neoliberal*, a *Europa do capital* que vem matando a *Europa social*. A natureza e o estilo do debate que tive o privilégio de manter com Jan Tinbergen no início dos anos 1970 não fazem qualquer sentido com a social-democracia de hoje. Entre outras lições, Tinbergen mostrou que não era um *dogmático*, tendo aceitado discutir com o Sr. A.A. (um jovem marxista que ele não conhecia de parte nenhuma) os seus pontos de vista de social-democrata experiente e professor consagrado. Foi uma lição de *humildade científica* que calou muito fundo no meu espírito de universitário em início de carreira. A anos luz do dogmatismo dos socialistas atuais, convencidos de que são os portadores da *verdade verdadeira* (juntamente com a direita, com a qual partilham os pontos de vista essenciais em matérias de economia e de sociedade), *acima das ideologias*, para a qual *não há alternativa*.

29. Dito isto, quero deixar claro que as questões em aberto não se resolvem, a meu ver, pondo bigodes à Hitler nos retratos da Sr.ª Merkel. O regresso da *Grande Alemanha* fez regressar os medos históricos da Europa, cujos povos têm sido secularmente martirizados e dizimados por guerras que não são as suas.

No entanto, sabemos hoje que a 1.ª Guerra Mundial não ocorreu porque um nacionalista sérvio matou um arquiduque numa rua de Sarajevo. E sabemos também que o nazi-fascismo não se confunde com a personalidade psicopática e com as ideias criminosas de Adolf Hitler. O nazi-fascismo foi o resultado da aliança entre o partido nacional-socialista, os grandes monopólios alemães (da indústria e da finança) e os grandes latifundiários, que, em determinadas condições históricas (da história do capitalismo), utilizaram o partido nazi como instrumento para prosseguir os seus próprios objetivos de destruir o movimento operário e de combater a ameaça comunista, que vinha com os ventos de leste, originários da Rússia dos *sovietes*.

O que hoje se passa aos nossos olhos é o fruto da *ditadura do grande capital financeiro*, que ganhou supremacia relativamente ao *capital produtivo* (Keynes alertou para os perigos de uma situação deste tipo), produziu a ideologia neoliberal e tornou o mundo dependente dela, para seu proveito. Estes têm de ser os alvos do nosso combate, em especial no plano da *luta ideológica*, um terreno privilegiado da *luta de classes* nestes nossos tempos. E este combate obriga-nos a retirar a discussão destes temas dos ambientes almofadados do *bunker* de vidro de Bruxelas e dos corredores de todas as *comissões trilaterais* do mundo, trazendo-a para as universidades, para os sindicatos e para a praça pública. Os intelectuais em geral e os universitários em particular têm especiais responsabilidades neste domínio.

A presente *crise do capitalismo* tem vindo a acentuar e a evidenciar as contradições do 'mundo velho' que se julga predestinado para ser *eterno*. Nestas condições, é essencial preservar a memória e não esquecer as lições da História. A Europa vive hoje um período de *grave retrocesso democrático e civilizacional*. Cabe-nos impedir que, mais uma vez, a Europa se condene a si própria e ao mundo a uma nova era de barbárie. É nosso dever abrir caminho para uma nova ordem europeia e mundial, assente na cooperação e na paz entre os povos. As condições não parecem particularmente favoráveis, mas não nos resta outro caminho.

Coimbra, setembro/outubro de 2017.

António José Avelãs Nunes

Bibliografia referida no Posfácio

AMARAL, João Ferreira do – *Porque devemos sair do euro – O divórcio necessário para tirar Portugal da crise,* Lisboa, Lua de Papel, 2013.

AVELÃS NUNES, A. J. – *A Constituição Europeia – A constitucionalização do neoliberalismo,* Editora Revista dos Tribunais, São Paulo, 2007;

——. *A Crise do Capitalismo – Capitalismo, Neoliberalismo, Globalização,* Lisboa, Página a Página, 6ª edição, revista e ampliada, 2013;

——. *O Estado Capitalista e as suas Máscaras,* 3ª edição, revista, Lisboa, Edições Avante, 2013;

——. *O euro – Das promessas do paraíso às ameaças de austeridade perpétua,* 2ª edição revista, Lisboa, Página a Página, 2015;

——. *A "Europa como ela é»,* 2ª edição revista e aumentada, Lisboa, Página a Página, 2015.

BECK, Ulrich – *A Europa Alemã – De Maquiavel a "Merkievel":* Estratégias de Poder na Crise do Euro, trad. port., Lisboa, Edições 70, 2013.

BLYTH, Mark, *Austeridade – A História de uma Ideia Perigosa,* trad. port., Lisboa, Quetzal, 2013.

CASSEN, Bernard – "Ressurreição da 'Constituição' Europeia", em *Le Monde Diplomatique* (ed. port.), dez/2007.

CHEVÈNEMENt, Jean-Pierre – *Pour l'Europe votez non!,* Paris, Fayard, 2005.

COLE, G. D. H. – *Historia del Pensamiento Socialista,* trad. em castelhano, México, Fondo de Cultura Economica, 1957-1963, Vol. VI, 351.

CROTTY, James – "The Neoliberal Paradox : The Impact of Destructive Product Market Competition and Imptient Finance Nonfinancial Corporations in the Neoliberal Era", em *Review of Radical Political Economics,* Vol. 35, nº 3 (2003), 271-279.

DEBRAY, Régis – *Civilisation. Comment nous sommes devenues américains,* Paris, Gallimard, 2017.

GÉNÉREUX, Jacques – *Manuel Critique du Parfait Européen,* Paris, Seuil, 2005.

GOMES, Joaquim – "Estado Social", em Armando CASTRO e outros, *Sobre o Capitalismo Português,* Textos Vértice, Atlântida Editora, Coimbra, 1971, 205-228.

HABERMAS, Jürgen – *Um ensaio sobre a Constituição da Europa,* Lisboa, Edições 70, 2012.

JANNE, Henri – *Le Temps de Changement,* Paris Marabout, 1971.

JENNAR, Raoul-Marc – "Dois tratados para um golpe de estado europeu", em *Le Monde Diplomatique,* ed. port., junho/2012.

JUDT, Tony – *Pós-Guerra – História da Europa desde 1945,* trad. port., Lisboa, Edições 70, 2007.

KRUGMAN, Paul – "Quando a austeridade falha", *The New York Times,* 25.5.2011 (publicado em Portugal pelo *Jornal i*);

——. *Acabem com esta Crise já!,* Lisboa, Editorial Presença, 2012.

LORDON, Frédéric, "A desglobalização e os seus inimigos", em *Le Monde Diplomatique* (ed. port.), agosto/2011;

——. "Sair do euro, mas como?", em *Le Monde Diplomatique* (ed. port.), agosto/2013;

——. "A esquerda não pode morrer", em *Le Monde Diplomatique* (ed. port.), Set/2014;

——. *La Malfaçon – monnaie européenne et souveraineté démocratique,* Paris, Éditions les liens qui libèrent, 2014.

Morton, A. L. e George Tate – *O movimento operário britânico*, trad. port., Seara Nova, Lisboa, 1968.

Mota, Júlio – "Dos conhecimentos básicos em Finanças à opacidade ecomplexidade do mundo financeiro – Uma exposição e uma análise crítica", no Blogue *A Viagem dos Astronautas*, 7.9.2017.

Plihon, Dominique – "Uma reforma bancária que encanta os banqueiros", em *Le Monde Diplomatique* (ed. port.), março/2013.

Santos Silva, Augusto – *Os valores da esquerda democrática* – Vinte teses oferecidas ao escrutínio público, Coimbra, Almedina, 2010.

Sarre, Georges – *L'Europe contre la Gauche*, Paris, Eyrolles, 2005.

Schöman, Isabelle – «O direito contra a austeridade europeia», em *Le Monde Diplomatique* (ed. port.), Novembro/2014.

Stiglitz, Joseph E. – *Globalization and its Discontents* (2002), trad. em castelhano, *El Malestar en la Globalización*, Madrid, Santillana Ediciones Generales, 2002;

——. *O Preço da Desigualdade*, trad. port., Lisboa, Bertrand, 2013.

Streeck, Wolfgang – *Tempo Comprado – A Crise Adiada do Capitalismo Democrático*, trad. port., Lisboa, Conjuntura Actual Editora, 2013.

——. "Uma hegemonia fortuita", em *Le Monde Diplomatique* (ed. port.), maio/2015.

Teixeira Ribeiro, J. J. – A nova estrutura da economia, Separata da Revista de Direito e de Estudos Sociais, Coimbra, 1948;

——. Capitalismo e Socialismo em um Mundo Só, *Separata do Boletim de Ciências Económicas*, Coimbra, 1961;

——. *Sobre o Socialismo*, Coimbra, Coimbra Editora, 1991.